ポスト資本主義としての共存主義

廣田 尚久

信山社
SHINZANSHA

はじめに

生活の中に新型コロナウイルスが割り込んできた異常な事態が続いている最中に、ロシアがウクライナに軍事侵攻し、世界中の人々が驚愕の渦の中に投げ込まれた。日常の中で曲がりなりにも平穏に暮らしていた私にとっては、この二つの事件は、まったく想定外のことであった。

私に限らず、いったいこれはどういうことなのだろうか？　何か大きな異変が起こるのではないだろうか？　と思っている人はかなり多いのではないかと思われる。

ロシアのウクライナ軍事侵攻以前でも、そのような予感を胸の内に抱いていた人も少なくないだろう。コロナ禍によって人々が窮屈な生活を強いられ、企業活動が制約され、世界各国はさかんに財政出動をして財政赤字を膨らませ、にもかかわらず株価が上昇するという異様な事態を目の当たりにして、何か変だ、世の中に大きな変動が起こるのではないだろうか、と思っていた人も少なくないと思われる。

そこに降って湧いたように、ロシア軍はウクライナに戦車を走らせ、ミサイルをぶち込み、人々を殺し、建造物を破壊した。

下手をすると世界大戦でも起こりかねない、世の中の変異に気づかされてしまった、これが多くの人々に共通する気持ちではないだろうか。

そんなに騒ぐことはない、そのうちコロナ禍は終焉するし、戦火はおさまるだろう——と高をくくっている人もいるだろう。

しかし逆に、世界が、そして時代が変りつつある、時代の転換期にさしかかっている——と思っている人も少なからずいるだろう。

いずれにしても、私たちが生きている今、いったいこれは、どんな時代なのだろうか？　いったいこれから社会はどういう方向に向かって行くのだろうか？　ということを、この機会に考えてみることは必要だと思われる。

ところで、パラダイムという言葉がある。パラダイムとは、ある時代を根本的に規定している認識の枠組みのことである。そして、パラダイムが変換することをパラダイムシフトあるいはパラダイム転換という。たとえば、地動説は天動説のパラダイム転換であり、近世は封建時代のパラダイム転換であった。

今、この時代のパラダイムは何かと問われれば、それは「資本主義」ということになるだろう。

新型コロナウイルスによる経済、社会の変動だけでもパラダイム転換の予兆はあった。その渦中にロシアのウクライナ軍事侵攻という激震がきた。これは、資本主義というパラダイムが転換する露払いなのだろうか。

さすがにそこまでには行かない――これが大方の見解だろう。しかし、コロナの影響が世界経済に、そしてウクライナ軍事侵攻の矛先が北大西洋条約機構（NATO）加盟国の欧米諸国に向けられている以上、資本主義が無傷で過ごせることはあり得ないだろう。すなわち、コロナ禍とロシアのウクライナ軍事侵攻が、世界経済や社会全体に大きな亀裂を入れ、資本主義のパラダイムを決定的に破壊してしまう可能性が出てきたからである。したがって私は、資本主義というパラダイムの転換を視野に入れておいた方がよいと考えている。

しかし、少し歴史を遡ってみれば分かることだが、コロナ禍のかなり前から、資本主義は、財政危機や民間債務の膨張などによって、終焉を迎えつつあった。そこに起こったのがコロナ禍とロシアのウクライナ軍事侵攻である。

人類の歴史を振り返れば、疫病や戦争によってパラダイムが転換したことは何度かある。したがって、今回に限ってパラダイムシフトはないと断定するのは危険ではないだろうか。むしろ、もしかしたらパラダイムシフトがあり得ると考えて、そのときに備えておく方がよいのではないだろうか。

少なくともコロナ禍とロシアのウクライナ軍事侵攻によって、経済、社会が相当の打撃を受けることは確実だろう。その程度については読み切れないところがあるが、最も激しく起こるときは資本主義が終わり、次の時代に転換することである。そこまでゆかなくても、貨幣の縮小、金融危機、企業の倒産、国家財政破綻などはかなりの確率で起こると思われる。いずれにせよ、程度の差はあるとしても、経済、社会の混乱、たとえば格差のいっそうの拡大、自殺率の上昇、難民・避難民の増加などは避けられないと思う。したがって、その混乱を最小限に抑える仕組みをつくっておくことは必要だと思われる。

混乱を最小限に抑える仕組みをつくる方法であるが、私は、最も激しく時代が変換すること、すなわち資本主義から次の時代へのパラダイムシフトがあることを想定して、その仕組みを構想するのがよいと思っている。そのような仕組みを頭に置いておけば、仮にパラダイムシフトがなくても、混乱を最小限に抑える方法としてその一部を応用できると考えるからである。

コロナ禍やロシアのウクライナ軍事侵攻に直面すると、どうしても目先の対策や解決に気をとられがちになる。もとよりそれに力を尽くすことは大切であるが、こういうときこそ、地表の奥の地殻変動について、腰を据えて考察をしておくことが必要なのではないだろうか。

本書は、資本主義の次の時代のパラダイムを「共存主義」とネーミングして、その大まかなデザインを提示する試みである。もとよりこれはたたき台に過ぎないが、薄気味悪い足音が忍び寄っている今こそ、試みてみるだけのことはあると思われる。そして、できるものならば、その試みによって、新しい時代の爽やかな黎明を迎えたいと思っている。

二〇二二年五月

廣田尚久

目次

目次

序章　パラダイムシフト

共存主義のデザインを提示する前に、その前提となるいくつかの問題を、この序章で解決しておきたい。まずは、パラダイムシフトの意味から、口火を切ることにする。

パラダイムシフトが起こるか

パラダイムという言葉は、科学史家・科学哲学者のトーマス・クーンが創始した概念である。[1]この言葉自体は古代ギリシャ語にまで遡るものであるが、クーンは、科学史・科学哲学の専門用語として新しい意味を導入したものということになる。クーンがこの言葉に与えた意味は、「一定の期間、研究者の共同体にモデルとなる問題や解法を一般的に認められる業績」というものに限定されていたが、それがその後に、「物の見方」や「世界観」という意味にまで拡大、拡張されていった。[2]したがって、ここでは「ある時代のものの見方、考え方を根本的に規定する認識の枠組み」という意味で使用することにするが、パラダイムによって社会や経済の仕組みが規定されるから、本書では、「その時代の社会や経済の仕組み」という意味をも包摂することにする。このようにパラダイムの意味をとらえるとすれば、現在のほぼ世界全体を覆っているパラダイムは、「資本主義」ということになるだろう。

したがって、新型コロナウイルス禍後に変革があるかどうかという問題は、資本主義というパラダイムが変容するかどうかという問題である。シフトというのは、変更、切りかえという意味であるから、パラダイムシフトとは、その時代のパラダイムを劇的、革命的に変化させることである。したがって、現在のパラダイムである資本主義が別のものに劇的に変化すれば、パラダイムシフトが起こったということになる。

では、コロナ禍後に資本主義というパラダイムが変更されて資本主義とは別のものに移行するパラダイムシフトが起こるだろうか。

ここで、中世ヨーロッパを襲った黒死病と呼ばれるペスト後に、封建制度というパラダイムが変更されて近世に移行するパラダイムシフトが起こったことと対比して考えてみよう。

新型コロナウイルスの渦中にある人々の大半は、まさかそんな大きなパラダイムシフトが起こることはなかろうと思っているに違いない。しかし、中世ヨーロッパで黒死病に脅かされていた人々が、ペスト後に中世が近世に移行するパラダイムシフトが起こると予測していただろうか。おそらく、ペストが去っていってみたら、いつの間にか、そして次第に中世が近世に変わっていったというのが実感だったのではないだろうか。

だとしたら、もしかしたらコロナ禍後にパラダイムシフトが起こるかもしれないと考えて、それについて考察を進めておくことには意味があるのではないかと思われる。

ペストは、ペスト菌の感染によって起きる感染症であるが、人類史上には古代ギリシャ以来大流行した時期は何回かあった。その中でここに取り上げるのは、一三四八年にヨーロッパを襲った黒死病と呼ばれるペストの大流行である。黒死病に罹患すると、皮膚のあちこちに出血斑ができて全身が黒いあざだらけになり、地域によってはわずか数日のうちに村人が全滅するほどの恐ろしさだった。

そのころ、すなわち中世ヨーロッパという時代をあらわす制度は、封建制度と荘園制度だった。封建制度は荘園の領主たちの主従関係であり、荘園制度は領主が農奴という身分の農民を支配して生産させる仕組みである。しかし、一三四八年という中世末期にさしかかる時期になると、荘園は、領主直営の古典荘園から、農民の賦役を廃止して生産物や貨幣で地代を納めさせる純粋荘園に変化し、それによって農民の自由が拡大されるようになっていた。[3]

そういう時期に、黒死病が襲ったのである。その黒死病によって、ヨーロッパの全人口の三〇パーセントから六〇パーセントが死亡したといわれている。

それでは、この黒死病禍の後で、どんなことが起こったのだろうか。

ヨーロッパにおいては、地域や国によってプロセスに違いがあるが、大きな流れとしては、時間をかけながら中世から近世へと時代が変遷してゆくのである。

黒死病の大流行によって多くの人々が死亡し、大半の人口を失ったとしても、そこには生き残った人たちがいる。生き残った人々は、死亡した人々が残した土地や財産を譲渡されることになった。また、荘園領主から地代を安くするなどの譲歩を勝ちとって農奴身分からの解放を得ることができた。こうして、黒死病の大流行を契機として、中世の基盤を構成していた荘園制度が崩壊してゆくのである。[4]

また、大部分の騎士は、黒死病の大流行によって経営していた荘園制度が崩れたために収入を激減させ、そのうえ中世末期には火砲の使用の広まりによって役割を失って没落した。一方、王は、発展してきた商業を保護し、大商人らと結んで税収入を増やして勢力を拡大させていた。そして、王は、弱体化した騎士らの土地を奪い取って、諸侯や騎士を支配下に置き、国家を統一していった。[5] こうして封建制度は崩壊し、近世への道筋がついてきた。すなわち、黒死病の大流行は、次の時代への予表を的確にとらえ、[6] 前の時代に引導を渡したのである。

ここで見逃してならないのは、中世ヨーロッパでは、黒死病の前から時代の変容の兆候があったことである。もとより一四世紀のヨーロッパと二一世紀の世界とは社会構造も経済構造も異なるが、コロナ禍の前から資本主義が変容する兆しがあったかどうかということは重要なポイントである。

資本主義終焉論が正鵠を射ているのであれば、パラダイムシフトはあり得る。これはコロナ禍があろうとなかろうと起こり得ることであるが、コロナ禍が引き金になって、パラダイムシフトが現実になる可能性はゼロではないだろう。

1　トーマス・クーン著、中山茂著『科学革命の構造』（みすず書房）一三頁
2　野家啓一著『パラダイムとは何か　クーンの科学史革命』（講談社学術文庫）一三頁〜一五頁
3　鈴木敏彦『ナビゲーター世界史B　①先史〜中世ヨーロッパ史の徹底理解』（山川出版社）一九九頁
4　同書二〇二頁
5　同書二〇三頁
6　村上陽一郎『ペスト大流行――ヨーロッパ中世の崩壊――』（岩波新書）一六四頁

数々の資本主義終焉論

コロナ禍の前から資本主義が変容する兆しがあるのだろうか。資本主義が終焉する、あるいは終焉の過程に入っている、という資本主義終焉論は、コロナ禍以前から数多くある。ここで、それらの資本主義終焉論を見ておくことにしたい。

資本主義は過剰生産ないし過剰消費、あるいは利潤率の低下傾向により死を迎えるという構造的理論（マルクス）、需要と市場の飽和と危機が共存するという考え（ケインズ）、生活や社会の行き過ぎた商品化に対する抵抗の増大により資本主義は終るという考え（ポランニー）、比喩的な意味でも字義どおりの意味でも植民化されるべき新世界や新たな労働者が消滅することが危機をもたらす（ルクセ

ンブルグ）、技術停滞（コンドラチェフ）、自由市場を停止させる独占企業の金融政治組織（ヒルファーディング）、世界全体で「知識人の裏切り」が起こり起業家精神が官僚主義により抑圧されることで資本主義の危機が生じる（ウェーバー、シュムペーター、ハイエク）等々。[1]

以上は、社会学者でケルン大学教授のヴォルフガング・シュトレークの整理によるものであるが、ここで、二〇〇八年のリーマン・ショック以降の資本主義終焉論も概観しておこう。

シュトレークは、さらに次のように言う。すなわち、人類全体のはてしない進歩を約束する社会秩序とみなされた資本主義は今や危機的な状況にあり、経済成長はもはや長期停滞を余儀なくされて、金融経済も守られるはずもない約束とともに増える一方の負債によって信頼を失いつつある。一九七〇年以後、資本主義の中心部はインフレ危機、財政危機、民間債務危機という三つの連続した危機を経験した。資本主義は金融の流動性によって生き残ろうとしているが、第二次世界大戦が終結した一九四五年以後の資本主義と民主主義の「できちゃった結婚」は、徐々に破綻を迎えている。商品化の三つのフロンティア――労働、自然、貨幣――の観点から考えても、資本主義の発展を抑制する装置は崩壊している。現在の資本主義システムは、少なくとも五つの症状――低迷する経済成長、オリガーキー（寡頭的支配）、公共領域の窮乏化、腐敗、そして国際的な無秩序化――に苦しめられており、それらの症状を治療する手立ては見つからない。資本主義の最近までの歴史を振り返れば、これから資本主義は長期にわたって苦しみながら朽ちてゆく、ということが予想される。[2]

千葉大学教授（現京都大学こころの未来研究センター教授）広井良典は、一六、一七世紀から続いた「市場経済プラス拡大・成長」としての資本主義システムが成熟化ないし定常化する時期を迎えた二一世紀初頭からポスト資本主義の時代に入ったとしており、資本主義システムの定常化をもって資本主義の終焉としている。[3]

日本大学教授水野和夫は、超低金利時代の招来は利子を生む種であった貨幣が利子を生まない石になったので、資本主義は終っていると言う。[4] また水野は、この危機は、過去の危機のように「新大陸」や「植民地」といった「新しい空間」を発見して乗り切ったようなことはできいために、極めて深刻であると言う。[5]

デューク大学教授で政治哲学者のマイケル・ハートは、公的な資金によって構築されていた公的な補助と配分の構造が私有化され、私的な利益のために徴用されているために福祉国家の危機がもたらされたものであるが、エネルギーやコミュニケーションの民営化（私有化）に向かう新自由主義の傾向が危機を進行させると言う。[6]

英国のジャーナリスト兼ブロードキャスターのポール・メイソンは、一九七一年八月の金本位制を廃止したニクソン・ショックをとりあげ、不換紙幣は、自由市場経済と合わさると、景気の過熱と崩壊の循環を生み出す機械になり、世界経済は長期にわたる景気低迷に陥ることになるだろうと言う。[7]

また、資本主義を超える経済へ移行する要因として、地球温暖化による気候変動を取りあげ、市場原理を利用する資本主義では気候変動対策ができないとし、「環境に配慮する資本主義の提唱者にとって、非市場の低炭素経済を想像するより、世界の終焉を想像する方が簡単だ[8]」と警句を発している。経済思想を専門とする大阪市立大学准教授（現東京大学大学院准教授）の斎藤幸平は、資本主義のグローバル化が地球の隅々まで及んだために、新たに収奪の対象となる「フロンティア」が消滅してしまい、利潤追求のプロセスが限界に達して、利潤率が低下した結果、資本蓄積や経済成長が困難になり、「資本主義の終焉」が謳われるまでになっていると言う[9]。

以上、数々の資本主義終焉論を概観したが、紙面の都合上極めて短い要約しかできず、十分に意を尽くしていないことをお詫び申し上げなければならない。

1　ヴォルフガング・シュトレーク著、村澤真保呂・信友健志訳『資本主義はどう終わるのか』（河出書房新社）一一〇頁
2　同書一〇三頁〜一〇四頁
3　広井良典『ポスト資本主義　科学・人間・資本主義』（岩波新書）六三頁
4　榊原英資・水野和夫『資本主義の終焉、その先の世界』（詩想社）六三頁
5　同書二八頁
6　アントニオ・ネグリ、マイケル・ハート著、水嶋一憲、酒井隆史、浜邦彦、吉田俊実訳『〈帝国〉』（以文社）三八七頁
7　ポール・メイソン『ポスト・キャピタリズム　資本主義以後の世界』（東洋経済新報社）五三頁

8　同書四〇六頁
9　斎藤幸平『人新世の「資本論」』（集英社新書）三二頁

「先取り」という経済現象

ここで概観した資本主義終焉論は、いずれもその通りだと思う。しかし私は、これにもう一つの決定的な原因をつけ加えたい。

結論だけを短く言えば、人々や企業や国家が「価値」を「先取り」することによって資本主義の基礎を破壊したために、資本主義が終わりつつあるということである。

このフレーズだけを読んでピンとくる人は少ないだろう。だいいち、「先取り」などという言葉は、日常あまりお目にかかるものではないし、書き物にも滅多に出てくるものではないから、「オヤッ？」と思われても致しかたない。

そこで、「先取り」という概念から説明しておきたい。

すなわち、「価値の先取り」とは、一定の主体が、価値が生み出される前に、その価値がすでに生み出されたものとして先に取ってしまう経済現象である。[1]

ここで言う「価値」とは、ひとまず個人が主体になるときは「所得」を、企業が主体になるときは「利潤」を、国家が主体になるときは「歳入」を指すとしておく。

個人は借金や住宅ローンによって先取りをする。企業は融資を受けるときに先取りをする。そして、国家は国債を発行することによって先取りをする。こうしてみると、これらの「価値の先取り」は、誰しもが日常的に目にしている経済活動である。しかし、日常的な域を超えて「先取り」が亢進すると、さまざまな病理現象があらわれてくる。すなわち、インフレ危機、財政危機、民間債務危機という連続した危機に通底している原理は、「先取り」という概念によってとらえることができる。

一九七〇年代の世界的なインフレは企業が将来生まれる利潤を先取りして規模を拡張したものであり、それが行き詰まって一九八〇年代には各国が将来の歳入を先取りしてさかんに国債を発行し、やがて財政困難の壁にぶつかって、一九九〇年代になると、民間セクターで金融緩和という先取りをして、ついにリーマン・ショックに至ったのである。すなわち、「先取り」という概念を使うと、インフレ危機、財政危機、民間債務危機は、すべて同じものだということが明らかになる。

ところで、「価値の先取り」は、信用を媒介にして行われるから、「信用」という概念に似ている。そこで、「信用」と「先取り」との異同について明らかにしておこう。

「信用」とは、給付と反対給付に時間的なずれのある取引である。給付と反対給付との時間的なずれのある取引であることは、先取りも信用と同じである。

しかし、信用と先取りでは、対象となるものの範囲が異なる。信用は、主として商取引であらわれる経済現象であるが、先取りは、商取引でないものもその範疇に入る。例えば、貨幣改鋳は、商取引ではないが先取りに利用される。

そのために、信用は生理現象と病理現象との区別がつきにくいが、先取りは生理現象と病理現象とが比較的分かりやすい。

したがって、私は、資本主義経済を分析するときに「信用」という概念を使うのは、生ぬるいと考えている。経済を分析するときには、「先取り」という概念を使わなければならない。この概念を使うことよって、これまで見たことのない景色が見えてくる。

ここまでくると、それならば「バブル」という概念を使えばいいではないかと言われるかもしれない。

しかし、私は、病理現象が発生したときに「バブル」と言うところに、失礼を承知で言わせてもらえば、これまでの経済学の未熟さがあると思っている。

そこで、「バブル」と「先取り」との異同について考察しておこう。

「バブル」とは、資産価格が投資家の期待によってファンダメンタルズの価値から乖離することである。この点では、「先取り」も重なる部分がある。しかし、「バブル」と「先取り」は、そっくり同じではない。[2]

最も大きな相違点は、「バブル」は、資産価格が上昇して病理現象が発生したことを泡沫（バブル）に譬えた比喩に過ぎないが、「先取り」は比喩ではなく、経済を分析するときに使用する道具である。

したがって、「バブル」は、経済現象を比喩的に説明するだけであって、「バブル」という概念を使って経済を分析することはできないが、「先取り」を使うと的確に分析することができる。

また、「バブル」は、病理現象を対象にする限定的な概念であるが、「先取り」は病理現象が発生しなくても行われるから、資本主義が常に抱えている内在的な概念である。したがって、「バブルは、崩壊してはじめてバブルと分かる」（グリーンスパン元米連邦準備制度理事会議長）と言われるが、「先取り」はバブルの崩壊前から認識できる。

さらに重要なことは、「バブル」は消えてしまえばおしまいになるはずだが、常に問題になるのは、バブルが消えたあとの後始末である。バブル、泡沫、泡とは、空気やガスの気体を含んで丸くふくれた液体の玉であるから、破裂すれば即座に気体は外気と混合し、液体は外部の物体に吸収される。それなのになぜ、後始末に大騒ぎするのか。それも何年も長期にもわたって。これは、「バブル」という概念では説明ができない。これに対して、「先取り」ならばきれいに説明ができる。「先取り」が行われると、先取りされた価値の空白を埋めようとする強烈な拘束力が働くからである。

ところで、「先取り」について、私だけが言っているのかと言うとそうではない。マルクスは、「先取り」という言葉を次のように使っている。

総利潤すなわち利潤全体の現実的価値量が各個のばあいに平均利潤からいかに背離しようとも、機能資本家に帰属する部分は利子によって規定されている。けだし利子は（特殊な法律上の契約を度外視すれば）一般的利子歩合によって固定されて、生産過程の開始以前、つまりその成果たる総利潤が獲得される以前に、先取されるものとして前提されているからである。[3]

そして、マルクスは、舌鋒鋭く「収奪」と「信用」に切り込んでゆく。

> 収奪は、資本主義制度そのものの内部では、少数者による社会的所有の取得として、対立的姿態をとって現われる。そして信用はこの少数者にたいし、純粋な賭博師たる性格をますます与える。所有はここでは株式の形態で実存するから、その運動および委譲は取引所賭博の純粋な結果となるのであって、取引所賭博では小魚は鮫により、羊は取引所狼によって鵜呑みにされる。[4]

「先取り」に関して言えば、小魚と鮫、羊と狼の比喩が到達点だといってよいと思う。私は、このマルクスの到達点をもって、本書の出発点とする。

では、これを出発点とすれば、どのような経済現象が見えてくるだろうか。

私は、次のような仮説を立てている。すなわち、

> **価値の先取り体制のもとでは、価値が生み出された後にその分配関係が本質的矛盾となるのではなくて、生み出される前に先取りされた虚の価値が、後にいかにして実の価値として埋めつくされるかが、本質的矛盾となるのである。**

問題は何より先に取るのかということである。それは、現実に「価値」が生み出される前に取ることであって、そのことを「先に取る」と言っているのである。「価値」が生み出される前ならば、何

も無いはずであって、それなのに「取る」ことはできないではないかと言われるかもしれないが、何も無いのにあたかも有るかのようにして「取る」ことを問題にしているのである。これこそが、この仮説で言うところの「先取り」であって、ここに問題の本質がある。つまり、先取りする時点では中身のない空っぽの「価値」、すなわち、まだ「価値」になっていない見せかけの「価値」を先に取ってしまうのである。これをこの仮説の中では、「虚の価値」と表現している。「虚」というのは、「実」の反対語で、中身のないうつろな状態、一歩誤れば偽りになる状態である。このように仮説を立てると、虚の価値を実の価値にしようとする力が働いてくることが分かる。私は、この力を「先取りの拘束力」と言っているが、この先取りの拘束力が資本主義を崩壊させてゆくのである。

ここで見逃してならないのは、実の価値は「有る」ものしか取れないが、虚の価値はまだ「無い」ものだからいくらでも取れることである。すなわち、虚の価値は無限大に拡張できるから、それが拘束力を発揮すると、いくら頑張っても追いつかないことになる。したがって、「埋めつくす」と言っても、それができないことがある。このときに経済は危機に直面する。

しかし、「先取り」は資本主義体制のもとだけで起こるものではない。資本主義の時代に入ってから「先取り」は顕著になってきたが、「先取り」は、資本主義でなければ起こらないというわけではない。「先取り」は大昔から現代に至るまで連綿として続いているのである。

歴史上にあらわれた顕著な例をあげればきりがないので、ここではその代表的なものだけを列挙するにとどめたい[5]。

オランダのチューリップ投機（一六三四年〜一六三七年）、ジョン・ローのいわゆるミシシッピ・バブル（一七一七年〜一七二〇年）、ドイツのハイパー・インフレーション（一九二三年）、大恐慌（一九二九年）、昭和恐慌（一九三〇年〜一九三一年）、日本の地価暴騰（一九八五年〜一九九〇年）、リーマン・ショック（二〇〇八年）――このリーマン・ショックを引き起こした「先取り」の道具は、サブプライム・ローンであった。そこで、サブプライム・ローンによる「先取り」の実相を見ておこう。

サブプライム・ローンとは、低所得者向けの高金利住宅ローンであるが、まずサブプライム層の人々がローンを組むという方法で、自分の将来の収入を先取りする。その住宅ローンは、貸し手であるレンダーが売却し、売却された大量の住宅ローンが投資銀行の手で束ねられて証券化される。その証券を格付けの異なる証券や住宅ローン以外の証券と混ぜ合わせるなどして新たなデリバティブ（金融派生商品）がつくられる。このプロセスで企業レベルの先取りが行われる。しかし、先取りされた虚の価値は、どこまで行っても空っぽのままであるから、細分化しても危険であることには変わりがない。ついに二〇〇八年三月、サブプライム・ローンの破綻によって資金繰りが悪化したアメリカの投資銀行が経営に行き詰まり、投資銀行に公的資金が投入されたが、リーマン・ブラザーズは救済されず、倒産に追い込まれたのである。この救済措置のために莫大な公的資金がつぎ込まれたが、その財源の多くは、国家債務である。すなわち、この段階で国家レベルの先取りが行われたことになる。

このリーマン・ショックにより、実体経済も危殆に瀕し、資本主義に大きな亀裂が入った。[6] このリーマン・ショックに資本主義の終焉を見た論者も多い。

ところで、フランス革命は、一七八九年のバスチーユ襲撃の少し前からはじまり、その後一〇年ほどの時間をかけて、近世のパラダイムが近代のパラダイムに転換した。

同様に資本主義は、二〇〇八年のリーマン・ショックの少し前から終焉に向かい、現在は次の時代への転換の途上にあるという見方はできないだろうか。

そこに勃発したのがコロナ禍とロシアのウクライナ軍事侵攻である。この二つの事変は、資本主義から次の時代へのパラダイム転換を象徴していると思われる。

1　廣田尚久著『共存主義論　ポスト資本主義の見取図』（信山社）四五頁、四五〇～四五二頁
2　バブルと先取りの相違については、同書六三頁～六五頁
3　マルクス著・エンゲルス編、長谷部文雄訳『資本論第四巻』（青木書店）五二九頁
4　同書六二五頁
5　先取りの歴史については、前出『共存主義論　ポスト資本主義の見取図』八五頁～一九九頁
6　サブプライム・ローンについては、同書一八六頁～一九六頁

資本主義の基礎の崩壊

私は前に、資本主義は、先取りによってその基礎が崩壊したために終わりつつあると述べた。では、資本主義の基礎とは何だろうか。

資本主義は商品交換で成り立っており、資本主義経済における規範関係は、「私的所有」、「契約」、「法的主体性」の三つの要素が基礎になっている[1]。

つまり、封建時代が終わって近代に入り資本主義の時代になったメルクマールは、個々人が領主の支配から脱して主体性を持った自由な個人になったこと、同時に土地をはじめ私有財産を持つことを禁じられていた支配を排除して私的所有が認められるようになったこと、独立した個人が生産した商品を対象にした契約によって取引することができるようになったこと、以上の三つである。仮に私有財産を持っていなくても、法的主体性を持った各個人は、自分の労働力を売ることによって、富と交換することができる。

すなわち、私的所有、契約、法的主体性が資本主義の基礎であり、これが封建制度の時代から資本主義の時代へのパラダイムシフトのメルクマールである。

この三つの基礎の上に、さまざまな政治制度や法制度などの社会制度を構築して膨大な世界を形作っているのが資本主義である。

この資本主義には弊害があるものの、資本主義が人々の生活を豊かにし、科学や技術や文化を発展させ、人類に数々の恩恵をもたらしたことをまずは認めなければならない。

しかし歴史上、資本主義は二度の大きな挑戦を受けた。一度は、共産主義革命である。しかし、ソヴィエト連邦が崩壊し、中国が市場経済を導入して、この挑戦は退けた形になっている。もう一度は、ナチスによる全体主義（国家社会主義）からの挑戦である。これも、ヒトラーの敗北により、資本主義は持ちこたえることができた。この二つの挑戦の見逃すことができない特徴は、資本主義の基本的な要素である「私的所有」に手を突っ込んで否定し、国家が「契約」を規制・管理し、人権を侵害して「法的主体性」を無視したところにある。

前に述べたとおり、資本主義経済における社会の規範関係は、私的所有、契約、法的主体性の三つの要素が基礎になっている。しかし、この三つの要素は、しっかり持ちこたえられているだろうか。この基礎に崩壊現象が起こっているので、資本主義は危うくなってきたというのが私の認識である。では、資本主義の基礎にどのように崩壊現象が起こっているのだろうか。

そこでまず、私的所有の崩壊現象について見ておこう。

私的所有の崩壊現象については、いろいろな角度から考察することができるが、その一つとして、日本の政府債務がどの程度私的所有権を侵蝕しているかを見てみよう。言うまでもなく、政府債務は「先取り」であるから、先取りというキー概念を念頭に置いて考察することになる。

令和四年度末（二〇二二年度末）の国債発行残高は、一〇二六・五兆円（当初予算による）である。

この額は、個人と民間企業と民間非営利団体が所有する正味資産の約三分の一に匹敵する。すなわち、私的所有のうちのかなりの部分は、政府債務という「先取り」によって侵蝕されているのである。したがって、何時の日にか、何らかの方法で、人々の資産は、国によって収奪されるだろう。なぜならば、すでに私的所有のかなりの部分は「先取り」され、現在の時点でもその部分はなくなっているからである。ここに、「生み出される前に先取りされた虚の価値が、後にいかにして実の価値として埋めつくされる」という本質的矛盾が露呈されるのである。

では、具体的に、どのような方法でそれが実行されるのであろうか。

その中には、意識的に行われるものや、成り行きで行われるものや、別の目的で行われることが結果として実行されたと同じことになるものなど、さまざまな方法がある。

意識的に行われるものの代表は「増税」であるが、増税が行われれば、人々の資産はそれに見合う分だけ減少することになる。

また、「先取り」された「虚の価値」が他人の所有権に潜入して、その中身を取ってしまうこともある。

たとえば地価暴騰は、「虚の価値」を先取りして地価を吊り上げたものであるが、土地の価格の暴騰に伴って、固定資産税や相続税や譲渡所得税が高騰した。すなわち、「先取り」された「虚の価値」が他人の不動産に潜入して、固定資産税等に姿を変えて忍び込み、その分だけ所有権を侵蝕したのである。そのときに、東京・田園調布で初老の夫婦が地価高騰で跳ね上がった自宅の土地の相続税の重圧に耐えかねて自殺した。[2] 自殺とまではゆかなくても、相続税を支払うために、非常に多数の人が不動産を売却して所有権を失った。このように、「先取り」された価値が地価を跳ね上げることによってその中に潜入し、税金として吸い上げられる仕組みになっていたのである。すなわち、自分のものだと思っていたものが、じつは自分のものではなくなり、私的所有は崩壊した。

一方、不動産価格が下落することによって所有権を失ってしまうこともある。不動産の下落によって、住宅ローンを組んで取得した不動産の資産価値を失うこと自体が、私的所有の危機を示すものであるが、そのことによって債務不履行になれば、一気に不動産の所有権を失うはめになる。米国でサブプライム・ローンが破綻したときには、多くの人々がこのような悲惨な運命に遭遇した。つまり所有していたはずなのに、実際にはずっと前から所有権を失っていたのである。

こういう方法で、空っぽで中身のない「虚の価値」が実の価値として埋めつくされる過程で所有権に対して収奪が行われ、私的所有の基礎が揺らいできたのである。

引き続いて、「契約」と「法的主体性」の崩壊現象についても見ておこう。

「契約」については、契約の危機という言葉が、以前からよく言われていた。今日の社会では、公の機関が当事者の意思決定に介入していて、人々や企業は、常に自由な意思で契約を締結できるわけではない。さまざまな局面で契約への公的介入を要請し、また許容しており、多くの規制が加えられてきた。それに伴い、伝統的な契約法は、大きな変貌を迫られるようになった。

コロナ禍によって顕著になってきたのは、雇用契約が危うくなっていることである。これに対して、従業員を解雇しないで給料を支払い続ける中小企業に補償金を出すという政策がとられているが、これは政府が雇用契約に介入して手当てしなければならないところにまで契約を変形させざるを得ないことを意味する。

このような状況が常態になると、当事者間の自由意思によって契約するという資本主義の規範関係が大きく変質することになる。そのこと自体は望ましいことではあっても、資本主義の基礎という観点からすると、その基礎に亀裂が入り、資本主義の枠組みでは維持できないところにまできていると言うことができると思う。

では、もう一つの「法的主体性」はどうだろうか。

これまでに述べたように、信用を媒介にしてまだ生まれてもいない価値を「先取り」することによって、金融崩壊や経済危機が起こった。この過程で、人々は経済的に追い込まれたり、情緒不安定になったりして、引きこもりや精神疾患に罹患してしまう人が増えた。そして、地価暴騰によるいわゆるバブルの崩壊により、その後の「失われた三〇年」によって職に就けなくなった人も多く、職に就けても非正規労働者になったり、いわゆるブラック企業で酷使されたりして、法的主体性が失われていった。

このように、新型コロナウイルス禍の前から「法的主体性」が危うくなっていたが、コロナ禍によって、外出の自粛や仕事の制限が迫られると、人々は行動が制約され、「法的主体性」を発揮することさえままならなくなった。

何と言っても重大な問題は、労働が危殆に瀕していることである。すなわち、資本主義では、労働者は労働力を売って生きてゆくことが前提であるのに、その前提が崩れてきたことである。新型コロナウイルス禍によって職を失い、労働力を売りたくても売ることができない状況になったとき、すなわち、自分の力で生活ができなくなったときには、法的主体性も何もあったものではない。法的主体性が危うくなっていることは、格差が非常に大きくなっているのを見ている現代人の大部分が実感していたところだと思われるが、新型コロナウイルス禍がその格差をいっそう鮮明に可視化して、法的主体性の危殆に脅かされるようになったと言えるのではないだろうか。

そして、コロナ禍の最中にロシアがウクライナに軍事侵攻し、建物や都市を破壊して人々の所有権やインフラを消滅させ、法的主体性を奪い、契約を灰燼にしてしまった。すなわち、資本主義の基礎を壊して、その基礎の上にある社会を目に見える形で物理的に破壊したのである。

コロナ禍やロシアのウクライナ軍事侵攻以前から、資本主義の基礎である三つの要素、すなわち、「私的所有」、「契約」、「法的主体性」の相当部分にひびが入っていたが、コロナ禍とウクライナへの軍事侵攻は、亀裂を広げて資本主義の基礎を壊してしまう可能性がある。基礎が壊れれば、その上に載っている建物、すなわち資本主義の表層がどんなに立派に見えても、その建物は倒壊しつつあり、やがて崩れ去る運命は免れないと思う。

1　川島武宜著『民法総則』（有斐閣）二頁〜三頁
2　一九九三年二月一五日朝日新聞夕刊

ポスト資本主義に関する諸説

では、資本主義が終焉した後にはどのようなことになるのだろうか。

すぐに思い浮かぶことは、「社会主義」であろう。社会主義社会の生産関係は、生産手段の社会的所有、勤労者の社会からの解放、勤労者自身のための分配という特徴を持っている。[1]

シュムペーターは、「資本主義的な秩序が自ら崩壊する傾向を持ち、かつ中央集権的な社会主義が、もっとも確からしい推定相続人であることを確信する」と言っている。[2] しかし、ソヴィエト連邦が崩壊したことを見てきた今日において、このシュムペーターの言説を手放しで承認する人が多数を占めることはないだろう。少なくとも私は、資本主義終焉後は社会主義だと考えていないし、その先の共産主義だとは思っていない。

そこで、サムエルソンの「混合経済」という概念に触れておく必要があるだろう。サムエルソンは、

「アメリカの体制は混合経済であって、そこでは民間の機構と公共的機構の両方が経済面で統御にたずさわる」と言う[3]。サムエルソンは、ここでは米国を念頭に置いているが、現在では米国に限らず、先進国全般の現実を描写していると言ってよいだろう。また、中国もまた混合経済を採用しており、その他の新興国も同様であって、それだけでなく多くの国もまた混合経済だと言ってよいと思われる。こうしてみると、今や「混合経済」は、世界中に普及している経済システムだと言ってよいだろう。

このように考えると、おおまかに言えば、現在は、資本主義と社会主義が混在する混合経済の体制であると言うことができる。私も、表層を見る限り、なるほどそうであろうと思っている。しかしこれは、資本主義終焉後の経済を描写するものではない。もともと資本主義は自由を重んじ、社会主義は平等を尊重するものであって、基本的には対立する概念である。混合経済でバランスが保たれているうちは何とかなるが、バランスを崩して危機を迎えている現在においては、混合経済は中途半端だといわざるを得ない。

では、資本主義でもなく、社会主義でもなく、混合経済でもないというのであれば、他に何があるのだろうか。ここで、ポスト資本主義論を概観しておこう。

シュトレークは、「資本主義に代わる体制を答えるような義務を前提としないまま、終焉を迎えつつある資本主義について考えることを提案したい」と言っており[4]、ポスト資本主義の体制については明示していない。

広井良典は、ＡＩ（人工知能）を活用した日本社会の持続可能性と政策提言に関する研究成果を踏まえた課題や展望を幅広く論じているが、その一例をあげれば、まちづくりや都市政策と福祉政策をつないでいく「都市政策と福祉政策の統合」を提唱している。[5]

マイケル・ハートが提唱するのは、共有のもの《コモンズ》である。ハートは、生産するということが協働やコミュニケーション的な有用性を構築することを意味するようになってきており、生産するのは共同体であり、共同体は生産すると同時に再生産され、再定義されているのであって、私的所有権という古典的な近代的概念構成の基礎は、ポスト・モダンな生産様式によってある程度まで解体されているのであると言い、続けて、「共有のもの」＝コモンズの新しい概念はこの領野において現れるだろうと言う。[6]

ポール・メイソンは、ポスト資本主義の世界を「プロジェクト・ゼロ」と呼び、ゼロ炭素エネルギーシステム、機械や製品を生産し、サービスを提供する限界費用ゼロ、可能な限りゼロに近づく必要労働時間の削減を実現させることを目的とする。[7]そして、ポスト資本主義への移行を促進するために、貨幣を基盤としない活動の普及、気候変動対策としてエネルギー産業を国有化すること、金融システムの国有化、ベーシック・インカムの導入などを提唱する。[8]

斎藤幸平が構想するのは、脱成長コミュニズムである。斎藤は、「経済成長は環境負荷を必然的に増大させる。経済成長を求める政策では、気候変動に代表されるグローバルな環境危機から抜け出せない」[9]と言い、生産者たちが生産手段を〈コモン〉として、共同で管理・運営する持続可能な社会を提唱している。[10]

さて、以上のようにポスト資本主義論を通観してみると、資本主義が抱えている矛盾を解決する貴重な方策が提唱されていることが分かる。しかし、基本的な立ち位置は、社会主義にあるか、社会主義に近いと言ってよいと思う。すなわち、社会主義から大きく踏み出していないのではないだろうか。

資本主義か社会主義かの二者択一、あるいは資本主義が終焉すれば社会主義というのが、あらかたの人々に刷り込まれている観念ではないかと思う。

しかし、資本主義でも社会主義でもない「第三の道」はないのだろうか。

二〇〇八年の世界的な金融崩壊を目の当たりにしたとき、ポンペウ・ファブラ大学（スペイン）のジョルディ・ガリ教授は、「「貨幣」の問題を中心に据えるケインズ経済学と現在の標準的マクロ経済学との二者択一ではない「第三の道」が見えてくる」と言っているが、[11]経済学の分野だけでなく、パラダイムとしても資本主義でも社会主義でもない「第三の道」はないのだろうか。

私は、資本主義が崩壊に瀕し、社会主義の試みがうまくゆかなかった今こそ、「第三の道」が求められているのではないかと考えている。その「第三の道」を「共存主義」とネーミングし、そのおおまかなデザイン（素描）を示すのが本書の目的である。この「第三の道」を模索するに伴って、次のような課題がある。

それは第一に、「個と全体のジレンマ」を克服することである。「個と全体のジレンマ」とは、人にとって望ましいものが社会にとって望ましいものではない、逆に社会にとって望ましいものが人にとって望ましいものではないという現象である。これは、人という個と社会という全体との関係でしばしば起こる深刻なジレンマである。

そして第二に、資本主義以前から続いていており資本主義が引き継いだ強制労働、搾取、差別、貧困、格差、支配、収奪、侵略、殺戮、戦争などから訣別することである。

さらに第三に、負の外部性と言われている地球温暖化、オゾン層の破壊、酸性雨、海洋汚染、水質汚染、人口爆発、生物の絶滅、放射性物質の廃棄問題、土壌汚染などの環境問題を解決することである。

こう並べてみると、どれ一つとして簡単に解決できるものはないことが分かる。しかし、資本主義が終焉して次の時代を迎えるのであれば、少なくとも、これらの課題に真剣にとり組むパラダイムを構想しなければならないだろう。

この課題を意識しつつ、ここで序論を締めくくることとし、これから本論に入ることにする。

1　髙橋泰蔵・増田四郎編集『体系経済学辞典（第6版）』（東洋経済新報社）八〇頁
2　シュムペーター著、中山伊知郎・東畑精一訳『資本主義・社会主義・民主主義』（東洋経済新報社）六六九

頁
3　P・サムエルソン、W・ノードハウス著、都留重人訳『サムエルソン経済学上〔原書第13版〕』（岩波書店）三七頁
4　前出『資本主義はどう終わるのか』八〇頁
5　広井良典『人口減少のデザイン』（東洋経済新報社）一〇三頁
6　前出『〈帝国〉』三八八頁
7　前出『ポスト・キャピタリズム　資本主義以後の世界』四三二頁
8　同書四四七頁〜同書四六〇頁
9　前出『人新世の「資本論」』同書一一六頁
10　同書一四一頁〜一四二頁
11　二〇〇九年一月三一日朝日新聞・経済産業研究所上席研究員小林慶一郎『金融危機が与えた宿題』

第一章　共存主義の定義

序章では共存主義のデザイン（素描）を提示する前提について述べてきたが、ここからは、資本主義から次のパラダイムに転換したのちの社会を展望することにしたい。まずは、その社会を共存主義とネーミングするところから扉を開こう。

ネーミングの重要性

資本主義が終焉しつつあることは、序章で述べたとおり、これまでに多くの論者が提唱してきた。しかし、それでもなお、資本主義が終焉しつつあるという認識が、人々に行き渡っているとは言えないと思われる。それはなぜだろうか。

それには次のような理由が考えられる。

第一に、「資本主義が終わる？　まさか！」と思われているからである。

金融危機にせよ、政府債務にせよ、資本主義の枠組みの中で解決することができ、仮に資本主義の矛盾が露呈することはあっても、それはそれだけのことであって、資本主義のパラダイムそのものには変更がないと思われているのではないだろうか。

第二に、資本主義がすっかり全部終わるとまでは言い切れないからである。

資本主義を一つの生物体に見立てれば、あちこちの臓器が麻痺したり、壊死を起こしたり、あるいは臓器が入れ替えられたりしているものの、いくつかの臓器は元通りに残っていて、生物体自体は喘ぎ喘ぎ生き続けている。この姿を見て、終わるのはまだ先のことだと認識されているのであろう。

第三に、資本主義の終焉の時期を確定することが難しいからである。

およそ一つの体制が終わり次の体制に移行するときには、転換の節目に武力が行使される。日本で封建時代から近代へ移行したときも、フランスで革命が起こったときも、そして、部分的、一時的ではあったがソヴィエト革命のときにも武力が使われたから、時代を画する線は引きやすい。しかし、今度の資本主義の時代の終焉については、武力は行使されていないし、これからも行使されないだろう。なぜならば、資本主義を擁護すると標榜している現体制は膨大な軍事力、とくに核兵器を持っているから、その体制を武力で覆すとすれば、それを凌駕する軍事力を持つ必要があるからである。しかし、それは現実性がないことである。つまり、資本主義の終焉に武力を行使されることはあり得ない。したがって、截然と旧体制から新体制に変更させた前の時代とは異なって、長い時間をかけて行われるものであるから、結局資本主義の終焉の時期を確定することは難しい。その難しさが、資本主義が終わっているという認識が人々に広まらない理由であると思われる。

その他にもいろいろ考えられるが、私が重要視している理由は、資本主義の次の時代の名称がないことだと考えている。

すなわち、「資本主義は終わりつつある」と薄々気づいていても、資本主義の次の時代の名称がないから、資本主義の終焉を明確に認識できないのである。

このことは、人々が「資本主義が終わりつつある」と認識できない決定的な理由である、と私は思っている。そのために、人々は、今の時代を示す言葉として、あたかも定冠詞を使うように「資本主義」という言葉を使う。これでは、「資本主義は終わりつつある」と認識することはとうていできない。

つまり、「資本主義が終わって、次は〇〇の時代だ」と言えるような名称があれば別であるが、まだ〇〇に該当する言葉がない。

ネーミングの重要性

しかし、資本主義が相当変質していることについては、広く認識されている。変質の内容や時代の趨勢を反映して、独占資本主義、金融資本主義、グローバル資本主義、マネー資本主義はては強欲資本主義などと、形容する単語を頭につけて語られることは多い。だが、いくら形容する単語をつけても、うしろに「資本主義」という言葉がくれば、資本主義の次の時代を語ることにはならない。

「資本主義の次の時代はポスト資本主義だ」と言っても、様にならない。それでは「資本主義」に

「ポスト」という形容語がつくだけのことであって、資本主義とさして違わないという印象になる。

したがって、「資本主義が終わりつつある」ことを認識することが困難だとしても、仮の名称でもよいから、「資本主義の次の時代は○○主義だ」と言い切って、次の時代を可視化し、パラダイムが転換することを明示する必要がある。

私は、○○に該当する言葉として、仮にネーミングするとすれば、「共存」という単語を充てたい。これは、現実に地球上に人類が生活し、さまざまな仕組みをつくって共存している事実に着目したものである。

資本主義という船は難破しそうであるにもかかわらず、乗り換える船がなければパラダイム転換はできない。では、このパラダイムは、いったいどのようなものなのだろうか。私は、その乗り換える船をひとまず「共存主義」とネーミングし、その中身を素描したいと考えている。

そして、資本主義のパラダイム転換をはかる機会に、同時に、有史以来延々と続けてきた収奪の歴史に終止符を打ちたいとも思っている。

こう決意すれば、ただちに資本主義終焉後の人々と社会の在り方についての展望を開く必要性が出てくる。ここに、次のパラダイム、すなわち「共存主義」のデザインを描く必然性がある。

共存主義の前提

共存主義は、「存在するものをそのまま認める」ということが前提である。したがって、今ここにあるものの存在のすべてを破壊してしまうのではない。ということは、旧パラダイムすなわち資本主義のもとで存在しているものは、いったんはすべて新パラダイムすなわち共存主義のもとで重なり合う。これは、資本主義から共存主義に転換するときに暴力革命が必要とされるわけでないことを意味する。

しかし、新旧のパラダイムの在り方には決定的な差異がある。したがって、資本主義から共存主義への転換のプロセスにおいては、旧パラダイムすなわち資本主義を固守しようとする勢力からの抵抗があり、さまざまな摩擦が生じることは覚悟しなければならないだろう。よって、転換のプロセスにおいては、抵抗や摩擦を一つひとつ解決しなければならない。しかし、その解決のプロセスの中で、共存主義はより強靭なものになると思われる。もし、共存主義の設計図に欠陥があれば、設計変更をしなければならないことも出てくるだろう。資本主義から共存主義へのパラダイムシフトの過程では、そのようなこともあると想定したうえで取り組む必要がある。

存在するものをそのまま認めるというときに、取り組む側のスタンスとして要求されるのは、「事実そのものを理解すること」である。逆に言えば、自分の考えや好みに合わせて存在するものを認めたり、存在するものを取捨選択したりすることを極力排除することである。そうすることによって、存在するものを正確に認識することができる。

これは、やさしいように見えるが、なかなか難しいことである。

情報が氾濫する世の中になると、一つの事象に関して多数の情報が届くことが多い。また、一つの情報の中にも、正しい情報と誤った情報が混在していることがある。したがって、情報を受け取る側は、情報の取捨選択という処理が必要になる。

共存主義は、「存在するものをそのまま認める」ことを前提にしているが、それは、単に一個人が認めるのではない。ヒトが複数集まれば、相互に認めることが必要であり、その相互承認は、社会的なレベルにまで広げる必要がある。それができないということになれば、共存主義の前提を損なうことになる。もとより、社会的レベルの問題になれば、一人の例外もなく「存在するものをそのまま認める」ということになるのは事実上不可能だろうが、その大勢において「存在するものをそのまま認める」ということにならなければ、共存主義という次のステップに踏み出すことは困難になる。

ところで、「存在するものをそのまま認める」と言っても、それはいったん認めるという意味であって、存在するものを固定するということではない。

存在するものを変更したり、一部を入れ換えたり、新たなものを付加したり、古いものを消去したり、それまで存在しなかったものを創造したりして、共存主義という新しいパラダイムに転換することは当然行われる。

ここで極めて大まかに言えば、資本主義から共存主義にパラダイムを転換しても、ハードの面ではさほど大きく変わらず、大きく変わるのはソフトの面だということである。すなわち、資本主義から共存主義へという転換がパラダイムシフトである以上、ハードを変更しなくても、ソフトを変更することによって、その内容に決定的な違いが生じるということである。

その中には、すぐにでも実行できるものもあれば、長い時間をかけなければ実行できないものもあるだろう。したがって、共存主義にパラダイム転換することは、その全部が最初からパーフェクトでなければならないというものではない。設計図をきちんと書いておけば、できるところから逐次実行に踏み切るという方法もあるだろう。したがって、その実行の道筋も設計に織り込むことが必要だと思う。大きな建造物を建てるときには緻密な工程表をつくるが、ちょうどそれと同じようにすれば、完成までのイメージをつかむことができるのではないかと思われる。

私がここで書くことは大まかなデザイン（素描）に過ぎないので、今述べたような詳細な設計図でも緻密な工程表でもない。とは言え、次章以下では、できるだけ具体的な構想を示したいと思っている。

共生主義について

さて、ここで順序としては共存主義を定義する段階に入ることになるが、共存主義を定義するにあたり、類似する実践理論の「共生主義」について言及する必要があるだろう。

『共生主義宣言　経済成長なき時代をどう生きるか』（コモンズ・二〇一七年）の編者の一人のマルク・アンベールは、「共生主義」の概念について、次のように説明している。

「共生主義」はもともと、哲学者イヴァン・イリイチの言葉である。本書では、『共生主義宣言』（Manifeste Convivialiste）の四つの原則に沿う暮らしと社会のあり方を示す概念として使っている。

四つの原則とは、次のとおりである。

①　人はみな人類共同体の一員である（一九四八年に採択された世界人権宣言の第一条）。

②　人は他者なしには生きられない相互依存的存在であり、どのような社会を選び取るかについて等しく責任を負う。

③　人は自らの個性と能力を伸ばして生きる存在（スピノザのいうコナトゥスConatus）である。

④　人は他者の異論を受容し、摩擦や敵対を民主的な合意形成で、プラスの活力に転換する（モースの「殺し合いを回避した異論の受容」と民主的平等（ルソー））の実現。[1]

そして、共生主義という世直しを目指す取り組みは、数限りなくあり、いろいろな運動が展開されている。

たとえば、男と女の人権擁護、市民権の擁護、労働者・失業者の権利擁護、子どもの権利擁護を訴える取り組み、生活協同組合、消費協同組合、共済制度、フェアトレード、地域・補完通貨、地域社会レベルの取引制度（物々交換やケアサービスのための時間交換など）、相互扶助のためのアソシエーションなどの社会的連帯経済のさまざまな取り組み、公開電子情報システム、脱成長とポスト開発、スローフード、スロータウン、スロー科学の運動がある。さらに、ブエン・ヴィヴィール（善く生きる）声明、自然の権利宣言とパチャママ（母なる大地）礼賛、対抗グローバリゼーション（新自由主義的なグローバリゼーションではなく、人権、社会的公正、環境などに配慮したグローバリゼーションを模索・推進する運動）、政治エコロジー（環境問題を単に自然要因としてではなく、政治的・経済的・社会的相関関係から説明することを試みる学問と運動）、急進的民主主義、インディグナードス運動（スペイン語で「怒れる人びと」を意味する。二〇一一年にスペインで始まった市民の非暴力抵抗運動で、政治の民主化を訴える）、ウォール街占拠運動（二〇一一年に米国で始まった若者たちの草の根デモ）、富のオルタナティヴな指標研究、自己変革運動、質素な生活やつましさに豊かさを求める運動、文明間の対話、ケア理論、コモンズの見直しなども、世直し運動の一環である。[2]

日本においても共生社会は以前から提唱され、二〇〇六年には、日本学術会議協力学術研究団体に指定されている「共生社会システム学会」が設立された。その設立趣意書には、「人と自然」、「人と人」で成り立つあり方を「共生」という視点から体系的に把握・認識し、その成果を実践に役立てることができる「共生社会システム」の構築が明記されている。[3]

私は、共生主義の理論に賛成であり、その実践は貴重なものと考えており、私がこれから述べることの多くは、共生主義の理論や実践と重なり合う。そして、共生主義にはすでに多数の研究者や実践者が参集しているのであるから、私が「共生主義」という言葉を使用せずに、「共存主義」という言葉を使用して論述をすすめることにどれほどの意義があるのかという思いが多少ある。しかし、私の言う「共存主義」は、「共生主義」とは重点の置きどころがかなり異なるので、私としては、あえて「共存主義」という言葉を使用することにしたい。

1　西川潤／マルク・アンベール編『共生主義宣言　経済成長なき時代をどう生きるか』(コモンズ) 六頁～七頁
2　同書四九頁～五〇頁
3　共生社会システム学会ホームページの設立趣意書

共存主義の定義と目標

私は、現実に地球上で七八億人のヒトが生活し、さまざまな仕組みをつくって生存している事実に着目し、うまく共存して生きてゆこうではないかという願いも込めて、資本主義終焉後のパラダイムを「共存主義」とネーミングするのがよいのではないかと考えている。

それは、世の中の実態をあらわしているし、また、共存の中には、経済的意味も内包しており、「存」には、所有形態のあり方も問われているからである。

ポスト資本主義の時代を「共存主義」とネーミングをするのであるから、共存主義を定義するに当たっては、まず「共存」の字義を明らかにしておかなければならないだろう。

辞書（学研漢和大辞典）によれば、「存」には、「ある」、「たもつ」、「この世に生きている」、「なだめて落ち着ける」、「金品を保管してもらうために預ける」という意味がある。一方、「共生」の「生」の意味は、「いきる・いかす」、「うむ・うまれる」、「はえる・おう」、「なま」、「いきていること。また、いのち」とある。比較してみると、「生」には生物的ニュアンスがあるのに対し、「存」には物質的ニュアンスがある。とくに、「ある」、「たもつ」、「金品を保管してもらうために預ける」というのは、所有の概念に隣接していて、私が展開する理論にぴったりである。

因みに「解字」のところを見ると、「存」は、「在の字の左上部＋子」の会意文字で、残された孤児をいたわり落ち着ける意をあらわし、もと存問の存（いたわり問う）の意。のち、たいせつにとどめおく意となるとあり（同辞典）、あたかも「共存主義」の目標を示されたような気持ちになる。これに対し、「生」は、「若芽の形＋土」の会意文字で地上に若芽のはえたさまを示す。いきいきとして新しい意を含む、とある（同辞典）。これもなかなかよいが、現実性ということになれば、やはり「存」の方が力強いのではないだろうか。

なお、両方に共通している「共」の「解字」は、「上部はある物の形、下部は両手でそれをささげ持つ姿を添えた会意文字。拱（両手を前にそろえる）・供（両手でささげる）の原字。両手をそろえる意から、「ともに」の意を派生する」とある（同辞典）。

以上により、「ともに生存する」、「互に助けあって生存する」の意（同辞典）を持つ「共存」をとって、「共存主義」とネーミングしたい。このように「共存」の意味を確定したうえで、「共存主義」を定義すれば、次のようになる。

「共存主義」とは、地球上で人々が生存し、自然と関係をもちながら共存している事実をありのままに認識し、経済、政治、法等のあらゆる社会システムを、「よりよく共存する」という価値観のもとで構築する、資本主義終焉後のパラダイムである。

この定義は、きわめて抽象的なので、これだけでは「共存主義」が見えてこないだろう。とくに「よりよく」ということが、この定義を曖昧にしていることは認めざるを得ない。前述した「共生主義」は四つの原則を明示したことによって、その内容が明らかになったのであるから、ここで、次のように「共存主義」の目指す目標を列挙することによって、この定義を補完しておくことにする。

① 安心して暮らしてゆけるような経済、社会であること
② 自由が尊重される社会であること
③ 公平で平等な社会であること
④ 生活を脅かされている人々を救済するセーフティー・ネットがあること
⑤ 貧困、格差のない社会であること

⑥ 持続可能な経済、社会が構築されていること
⑦ 自然環境が保全されていること
⑧ 地球環境問題を解決すること
⑨ 平和な社会であること
⑩ 民主的な政治システムを持っていること
⑪ 適切な紛争解決システムがあること

こうして並べてみると、いずれも難問であるばかりか、相互にジレンマがあり、達成することは非常に難しいことが分かる。それははじめから分かっていることであるが、しかし、だからと言って、ここで諦めるわけにはゆかない。なぜならば、人々や社会にとって、みんな必要なことだからである。

これらはいずれも資本主義というパラダイムのもとでは解決することができなかった難問であるが、それならば、資本主義のパラダイムを転換し、これらの難問を解決する新しいパラダイムを構築することが必要なのではないだろうか。その構築するプロセスの中で、共存主義が明確な姿をあらわすだろう。

これから述べることは、そのおおまかなデザイン（素描）に過ぎないが、それでも共存主義の在り方の概要を示すことはできるのではないかと思っている。

第二章　共存主義の基礎

共存主義を実りあるものとするためには、「先取り」を清算し、金融、通貨、市場を縮小する必要があるが、これはいわば資本主義以前からの負の遺産を清算することであって、その多くは後ろ向きの仕事である。しかしこれからは、共存主義を積極的に設計し、前向きの姿をイメージして、先に進む必要があるだろう。そのために、まず「共存主義の基礎」のあり方を考察しておきたい。

共存主義の基礎を考察するにあたって

前に述べたように、資本主義の基礎は、「私的所有」、「契約」、「法的主体性」の三つの要素からできているが、体制が共存主義に変わるのであれば、その基礎はガラリと変更されなければならない。そこで、共存主義の基礎であるが、まず前提として、資本主義の基礎との基本的な違いを明らかにしておきたい。

資本主義の「私的所有」、「契約」、「法的主体性」という要素は、近代が尊重する科学的な合理性を背景にしているので、非合理な要素を極力排除している。そのために抽象性が高く、全体的にスケールが小さくなっている。これに対し、共存主義は、人間性を尊重し、科学的な合理性だけでなく非合理な要素も取り込んで、スケールの大きな基礎を構築する必要がある。

ところで、これまで「基礎」という言葉を使っていたが、これは、資本主義経済における社会の規範的構造について、「商品交換をその普遍的な構成要素とする資本制経済では、これらの三つの要素がその規範関係の普遍的な基礎となっている」と説明されている部分に出てくる。[1]

これを図式的に言うと、資本主義は商品交換を構成要素としており、その規範関係の普遍的基礎として、「私的所有」、「契約」、「法的主体性」を構築し、その上に政治的、法的、社会的な規範を組み立てて、その規範に則って世の中を動かすという構造を持っているということになる。

そこで、この資本主義の構造と比較しながら共存主義の基礎を考察することにするが、まず前提として、共存主義では、その構成要素は商品交換だけではないことを銘記しておきたい。すなわち、商品交換だけを構成要素とすると、売買あるいはせいぜい消費によって完結するが、共存主義では、売買や消費のところで完結するとは考えない。と言うことは、共存主義では、商品交換以外のことも視野に入れるのである。

以下、共存主義の基礎について、「私的所有」を「共存的所有」にと、「契約」を「公正な合意」にと、「法的主体性」を「個人の主体性」にと変え、個人の主体性、共存的所有、公正な合意の順序で、構成すべき基礎の在り方について検討することにする。

1　前出『民法総則』三頁

個人の主体性

個々人は、家族、氏族、部族、民族、国家などのいかなる共同体に所属していても、あるいは会社、学校、団体などのいかなる社団に所属していても、個人として主体性を持ち、その主体性が尊重されなくてはならない。すなわち、いかなる個人も、その存在および権利を侵害されない。これは自由の契機というべきものであって、共存主義の基礎として揺るぎないものとして構築しなければならない。

言い換えれば、個人は、存在すること自体に価値があるということである。すなわち、個人はあらゆる価値の源泉である。女性でも、子どもでも、障害者でも、ここには例外がないとしなければならない。

個人の主体性は、単に個人のレベルだけでなく、個々人が集合して社会を形成するに及んだときにも、尊重されなければならない。すなわち、全体によって個の存在や権利を侵害することは許されない。それが共存主義の基本である。

ここまでは、理屈のうえではあらかたの人から承認されることだろう。憲法を持ち出すまでもないことだが、日本国憲法一三条に「すべて国民は、個人として尊重される。生命、自由及び幸福追求に対する国民の権利については、公共の福祉に反しない限り、立法その他の国政の上で、最大の尊重を必要とする。」とあるので、個人の尊重は、観念的には望ましいことだとされていると思われる。

しかし、個人主義が強調され過ぎるとか、公共の福祉によって人権を抑制すべきだなどと言って、個人の尊重よりも社会的な要請を重視する考えを持つ人も少なくない。公共の福祉とは言いながら、特定の勢力の利害や要請が公共の福祉を装っているものも多いが、それはともかくとして、個人の尊重と公共の福祉は、容易にバランスを崩してしまう性格を持っている。この段階で、早くも個と全体はジレンマに直面する。

したがって、個人の主体性は、公共の福祉の名のもとに脅かされかねないので、公共の福祉によって個人の人権が制限されるときは、真にそれが公共の福祉なのかどうかを慎重に吟味しなければならない。

ここまでも、すでに多くの論者から指摘されていることである。しかし、私がここで言いたいことは、それだけではない。

個と全体の衝突を持ち出すまでもなく、資本主義のもとで、個人の主体性は、それ自体が侵害されており、存立が危うくなっていることを、まず認識しなければならない。

世界中の国々において新自由主義の政策が実施された結果、資本主義の矛盾が露呈したが、それについてここで詳しく論じることは避けることにしよう。しかし、個人の主体性との関連で、個人が持っている労働力の動向には、どうしても触れておく必要がある。

資本主義のもとでは、圧倒的多数を占める労働者は、自分が持っている労働力を売って生きて行くことが前提であるが、今やその前提が危殆に瀕している。その現象をあげればきりがないが、例えば、総務省統計局の労働力調査によると、二〇二一年の非正規の職員・従業員数は二〇七七万人で、全雇用者数の三六・六パーセントに及んでいる。[1] 非正規労働者は、雇用条件が不安定であり、不況その他の原因によって、職を失う危険に常にさらされている。

このことは新型コロナウイルスの感染拡大による景気の低迷によって、いっそう顕著になってきた。二〇二一年七月の統計によると、完全失業率は二・八パーセントになり、コロナ禍以前の年平均二・四パーセントより悪化している。[2]

より長期的にみると、人工知能（ＡＩ）が人間の知能を超えると言われているシンギュラリティ（技術的特異点）を迎える二〇四五年には、職種によっては不要となる労働があり、多くの人が職を失うと予測されている。

失業者が増え、労働力を売りたくても売ることができなくなったとき、すなわち、自分の力で生活ができなくなったときには、資本主義の基礎を構成する法的主体性も何もあったものではない。法的主体性が危うくなっていることは、格差が非常に大きくなっているのを見ている現代人の大部分が実感しているのではないかと思われる。

このように、資本主義のもとでは、働いて稼いで生活の糧を得るという最も基本的な在り方が危うくなっているのである。すなわち、人々が働くことができなくなれば、そして人々の働く場がなくなってしまえば、たちまち「法的主体性」は幻になってしまうのであり、すでにそのような現象はあらわれている。とくに新型コロナウイルスに脅かされ、それが長期化する兆候が見えている二〇二一年五月現在では、労働者が労働力を売ることによって生きることができなくなるという現実が目の前に迫っていると言っても過言ではないだろう。

こうしてみると、共存主義の基礎が「個人の主体性」と言うだけでは、それは資本主義の基礎である「法的主体性」を言い換えただけだと思われてしまうだろう。言い換えただけならば、資本主義の基礎である「法的主体性」の崩壊現象に手を拱いて見ているに過ぎず、拡大する格差がますます拡張して、圧倒的多数を占める労働者、被雇用者が個人としての存在を維持する手段さえなくなってしまう恐れがある。

しかし、私の言う「個人の主体性」は、それがポスト資本主義のパラダイム転換をはかる共存主義の基礎だと言っている以上、そのようなものではない。共存主義では、「法的主体性」を「個人の主体性」という言葉に転換して、「法的」よりも範囲を拡張するとともに、その具体的な意味として、次のことを加える。

まず、個人の主体性の前提として、個々人がそこに存在することが保障されなければならない。具体的には、すべての人は、職業の有無に関係なく、生を営むために必要な糧を獲得できるようにしなければならない。それを約束する社会的システムとして、ベーシック・インカムを導入する。

ベーシック・インカムとは、通常用いられている定義に従えば、政府がすべての国民に対して、最低限の生活をするために必要な現金を定期的に支給する最低所得保障のことである。

ベーシック・インカムについては、後に詳しく考察するが、人々が働いて稼いで生活の糧を得ることが困難になってきた現実を踏まえれば、共存主義のもとでは、ベーシック・インカムの導入が重要な要素になる。そして、ベーシック・インカムを導入すれば、共存主義の基礎である「個人の主体性」は確実にうち立てることができる。

女性でも、子どもでも、障害者でも、ここには例外がないと前に述べたが、ベーシック・インカムは、存在するだけで受け取ることができるものであるから、今なお差別に苦しんでいる女性や人権がないがしろにされている子どもや冷遇されている障害者も、より尊重されることになるだろう。すなわち、ベーシック・インカムは、最低所得保障であると同時に、「個人の主体性」を保障する具体的な方策なのである。

次に、「個人の主体性」が意味するところのものは、個人がのちに述べる「共存的所有」の主体になるということである。すなわち、個人は、共存的所有の担い手としての主体性を持つということである。

したがって、共存主義においては、個々人が所有するものの範囲は、その所属する共同体が所有するものの範囲に及ぶので、所有権の対象となるもの（所有権の客体）は、資本主義のもとでの「私的所有」よりも範囲が広くなる。これは、後に述べる入会権を考察すればただちに分かることであるが、決して観念的なものではなく、現実的なものである。

そして、所有権の拡張に伴って、個人の責任の範囲も拡張される。

すなわち、時と場合によっては、個人に公的役割を求めることがある。人はもともと、社会の中で生活し活動する以上、私人であると同時に社会人として公の立場を持っているが、共存主義においては、資本主義におけるよりもよりいっそう共同体の成員としての立場を意識してその役割を担うことが要請される。したがって、共存主義のもとでは、幼少時から質の高い「公」の概念の重要性を教育することが不可欠になる。

1　総務省統計局労働力調査（基本集計）二〇二一年度（令和三年度）平均結果の概要
2　総務省統計局労働力調査（基本集計）二〇二一年（令和三年）七月分結果

共存的所有

資本主義の規範関係のもう一つの基礎は、「私的所有」である。「私的所有」とは、モノに対して排他的な完全な支配をすることである。この「私的所有」を相互に承認したうえで商品を交換するのが資本主義であるから、「私的所有」を資本主義の基礎に据えなければならないのである。例えば、トムが陶器を生産して問屋に売るとする。トムは、その生産した陶器をトム以外の誰のものではないものとして、問屋に売り渡す。問屋もその陶器がトムの所有であることを認めて買うのである。その取引の段階で、領主が出てきて、トムは奴隷であって、奴隷が作ったモノはすべて領主のものであるからトムのものではないと言い出すと、取引が成り立たなくなる。

ここで重要なポイントは、一つの体制が終わり次の体制に移行するときには、所有形態の変更が行われ、それが体制移行のメルクマールになるということである。中世であれば、土地や奴隷を含めてすべてのモノは領主の所有権に属していたが、資本主義の時代になると、法的主体性を持った個人に「私的所有」が認められ、所有権の絶対性が承認されるようになった。

しかし、前に述べた通り、私的所有のうちのかなりの部分は、政府債務という「先取り」によって侵蝕されており、その他もろもろの信用を媒介にした「価値の先取り」によって、私的所有の中身は空洞になっている。

そればかりでなく、表看板は「私的所有」であっても、中身の多くは「公的所有」に置き換わっている。

例えば、後にも述べるが、年金資金を運用する年金積立金管理運用独立行政法人（GPIF）と日本銀行は、信託銀行などを通じ、日経平均やTOPIX（東証株価指数）などに連動した金融商品を間接保有しており、公的マネーが多くの上場会社の大株主になった。[1] このように、資本主義は「私的所有」に介入し、自ら基礎を崩壊させるところまで歪みが生じているのである。

以上のように、現在では「私的所有」を貫徹することができなくなっている。そのために、「私的所有」のかなりの部分が「公的所有」に置き換わっているが、共存主義のもとでは、「私的所有」と「公的所有」の並存という形から、さらに進めてその二つ以外の所有形態にも視野を広げ、さらにきめ細かく基礎を構築する必要がある。この「私的所有」のパラダイム転換が「資本主義」から「共存主義」への移行を示す重要なポイントである。

そもそも所有権は、「外界の自然に対する人の支配」である。[2] したがって、衣食住の有体物だけでなく、知的財産、エネルギー、電波も所有権の目的になる。これが所有権の客体だとすれば、主体には、個人だけでなく、株式会社などの営利団体、非営利団体、国や地方自治体の公共団体などさまざまなものがある。この主体と客体との組み合わせによって、多様な所有形態があることが現実の姿であるが、共存主義のもとでは、すべてを統一する概念ではなくて、さまざまな客体に応じ、ある程度幅のある所有概念を導入することによって、基礎を構築すべきだと考えている。

具体的には、まず個人の「衣」、「食」などの日常生活に消費されるモノについては、個人の所有権に属するものとする。

「住」については、現在のところ個人の所有と公的所有が混在しているが、徐々に後に言う「共存的所有」に切り替えてゆく。これは、土地、建物についての所有形態を変更させることを意味するが、あわせて、「所有」だけでなく「使用」を重視して、土地、建物を利用しやすい住宅政策を樹立し法制度を整備することが必要である。

ここから先は、ポスト資本主義に関する多くの論考で論じられているところである。すなわち、多くの論者が「共有のもの」＝コモンズ、共有や協働、協同組合、国有化などを提唱しており、これらはいずれもポスト資本主義における所有形態の変更の必要性を説いている。[3]

私は、〈コモン〉と類似した概念であるが、資本主義が終焉した後の共存主義においては、「総有」という所有形態を重視したいと考えている。

では、なぜ〈コモン〉でなくて「総有」なのか。結論を先に言うことになるが、「総有」は、個と全体が不可分で一体となっている所有形態である。したがって、「総有」によれば、個と全体のジレンマの解決に肉薄することができる。それは同時に、「総有」における管理方法、利用方法、処分方法をめぐる意思決定に特徴がある。これらの点は、〈コモン〉でも似たようなものであろうが、「総有」の方がより徹底しており明確である。「総有」の代表的なものは入会権であるので、入会権について考察しておこう。

近代に入ってから、入会権は近代的なシステムではないとみなされて、国や行政からの収奪が繰り返され、今や解体の運命を辿っており、収奪に抵抗したり、収益性がないために放っておかれた入会権のみが残っている。しかし、この入会権こそが共存主義における所有形態の鍵を握っている、と私は考えている。

入会権は、村落共同体が慣習に基づいて、山林や原野や漁場などを共同で所有し、管理し、使用収益する権利であるが、村落共同体が全体として、かつ個々の構成員が同時に所有する「総有」という所有形態である。[4] この総有形態によれば、全員の合意がなければその権利を処分することができないので、森林や自然を守ることができる。各地の防風林、水資源などを守り、環境問題に対処するためには、この総有形態が有効であるが、資本主義の「私的所有」が極限的な個々の「所有」を追い求めていたために、入会権は今や風前の灯になっている。

この入会権は、土地に限らず、工場設備などの生産手段、店舗などの商業施設、学校などの公共施設の所有形態にも適用できると思う。すなわち、生産手段や商業施設や公共施設などにも総有方式を導入することにし、共存主義のもとではこれらをすべて総有財産にすることが望ましい。しかし、言うまでもないことであるが、入会権の土台は「総有」であるからその対象となるモノは私有財産であって、公有財産ではない。

したがって、共産主義のように生産手段をすべて社会的所有という名の国有財産にするものではない。財産に着目すれば、共存的所有は、〈コモン〉に近いものになるだろう。ここで問題となるのは、株式会社のあり方であるが、これについては後に考察する。

こうしてみると、共存主義の基礎となる所有形態に、何かネーミングをしておく方がよいのではないかと思われてくる。もしネーミングするのであれば、以上のような所有形態をすべて包摂して、「共存的所有」とするのはどうだろうか。その中身は複雑で、また状況に応じて変動するものであるが、あまりにもスリムな「私的所有」という概念に対するアンチテーゼだと考えて、「共存的所有」とネーミングすることは有意義ではないだろうか。共存主義については、豊かで大きな基礎を築くべきだと思うからである。

1　二〇二〇年一〇月二三日朝日新聞
2　川島武宜『所有権法の理論』（岩波書店）五頁
3　ネイサン・シュナイダー著、月谷真紀訳『ネクスト・シェア　ポスト資本主義を生み出す「協同」プラットホーム』（東洋経済新報社・二〇二〇年）も、協同組合、シェアリング・エコノミーを詳しく紹介し、提唱している。
4　入会権については、川島武宜編『注釈民法（7）物権（2）』（有斐閣）五〇一頁～五九三頁による。

公正な合意

資本主義のもとでは、封建領主から自立し法的主体性を持ったヒトが、絶対的、排他的な私的所有を保障されたモノを所有し、自由意思に基づく契約によってモノを交換する。したがって、この法的主体性、私的所有、契約が資本主義の規範的な基礎になっているのである。

商品取引は、資本主義以前から存在した人間の営為であるが、資本主義のもとでは、外部からの圧迫によって干渉されることなく、自由意思を持ったヒトが他者と自由に契約することができる。そして、契約する自由だけでなく、契約内容も原則的に自由とされていて、これを契約自由の原則と言う。ヒトは、契約自由の原則によって、他者と契約し、商品を交換し、経済の世界に入ってゆく。したがって、経済という観点からすれば、資本主義の規範的基礎を構成している「契約」は、極めて重要な要素である。

しかし、前に述べたように、資本主義の基礎である「契約」には、相当な亀裂が入っており、契約の自由を標榜する「契約」は、大きく変貌してしまっている。

そこでも述べたように、例えば今日では、公の機関が当事者の意思決定に介入することによって、人々や企業は、常に自由な意思によって契約を締結できるわけではない。さまざまな局面で契約への公的介入が要請され、また許容しており、多くの規制が加えられてきた。

このことは、必ずしも望ましくないというわけではない。個人が主体性を持っているとは言っても、個々人によって持っている情報や力などさまざまな格差があることが現実である。世界人権宣言に誰もが生まれながらにして平等だと謳われていても、それは建前のことであって、現実的には、生まれながらのことにしても、生れたあとに備わった地位や財力や名声にしても、決して平等ではない。したがって、契約の自由を押し通すならば、不平等による格差が広がるばかりになる。

資本主義の最終局面で登場し、今なお一部に根強く信奉されている新自由主義は、この不平等に素知らぬ顔をして、すでに圧制者となった「自由」を貫こうとするものである。

そのように変貌し、内容を換えてしまった「契約」を、共存主義では、そのまま基礎に据えるわけにはゆかない。しかし、人々が納得のうえで合意することによって、経済、社会に踏み出すことは、共存主義にパラダイム転換が行われても非常に大切なことである。

問題は、その「合意」に不平等というバイアスがかかっているかどうかである。合意という以上、当事者の主観的な納得が必要であるが、それとともに、客観的に不平等というバイアスがかかっていないことを条件にしなければならない。換言すれば、当事者が同じレベルに立ったうえで合意することが必要である。

例えば、消費者契約法によれば、消費者と事業者との間に情報の質、量、交渉力に格差があることに鑑み、一定の要件のもとで消費者の意思表示を取り消すことができる。また、使用者が何らの制約もなく労働者と雇用契約を締結することが可能であるならば、その優越的地位を利用して労働者を意のままに搾取することができるが、労働基準法や労働組合法等の法制が整備されて、雇用契約には一定の制約が設けられることになった。

これらの法制度によって十分にバイアスが取り除かれたと言うことはできないだろうが、共存主義のもとでは、当事者の自由意思を尊重しつつ、合意の段階では、不平等を是正して、対等の位置に立つような仕組みを設ける必要がある。このことを短い言葉で表現するならば、「公正な合意」ということになるだろう。共存主義の基礎としては、この「公正な合意」を据えたい。「公正な合意」という言葉には、多数当事者間の合意という意味も含意している。

例えば、共存主義の所有形態は「共存的所有」であるから、共同体の総有財産を管理、運営するときには、個としての成員の意思と同時に全体としての共同体の意思決定をする必要がある。後に述べるが、入会権の慣習によれば、共同体の意思決定をするときには、例外なく全員の同意を必要とする。また、共存主義のもとでは、生産過程や消費によって排出される廃棄物も支配の対象になるから、そのものに交換価値はなくても、合意すべき事項の対象になる。したがって、国際気候変動枠組み条約締結会議の政治合意をすることも、共存主義のもとでは、その範疇に入ることになる。

この例から分かることは、共存主義のもとでは、多数当事者間の合意をとりつけることが重要な課題になる。こう言えば、資本主義のもとでも政治合意が可能であるし、げんに合意していると言われるであろうが、資本主義のもとではその範疇外の合意であるのに対し、共存主義のもとでは範疇内の合意であるところに違いがある。すなわち、環境などの資本主義の器に入りきれない問題については、共存主義では合意の場に参加せざるを得なくなるのである。このことに着目するならば、共存主義の基礎は、「契約」とするよりも、「公正な合意」とする方がよいことは明らかである。

このように、共存主義の基礎は、単に「契約」とするのではなく、「公正な合意」としたのであるが、これは、「契約」よりもやや難解であるものの、錯綜し、複雑な経済、社会に対応することができ、資本主義の基礎よりも強固で壊れ難く、スケールも大きくすることが可能になる。

しかし、「合意」に至るプロセスにおいても、「合意」に到達した後においても、ある程度の紛争が発生することは不可避であろう。共存主義になれば、すべてが丸く収まると考えるのは大間違いで、ヒトが集まればそこに意見の相違が生まれ、紛争が起こることは避けられない。むしろ、意見の相違や紛争の発生があることは、共同体が健全に機能しているからだと考えるべきである。しかし、紛争が拡大化し、いつまでも解決できない状態が続くならば、その共同体は疲弊し、ひいては破壊されてしまう。

したがって、「公正な合意」には、適切な紛争解決システムを貼りつけておく必要がある。紛争解決システムとしては、従来は訴訟が主体とされていたが、訴訟システムだけでは複雑な経済、社会から起こる紛争に対応できないので、裁判外紛争解決（ＡＤＲ）を配備することが必至となる。[1] 紛争解決システムについては、後に述べることにする。

以上により、ひとまず共存主義の基礎を見ることはできた。これからは、この基礎の上に経済システム、政治システム、法システムなどの社会システムを構築し、それらのシステムによって、世の中を動かすことになる。

1　裁判外紛争解決（ＡＤＲ）については、廣田尚久『紛争解決学〔新版増補〕』（信山社）二八五頁〜三三六頁。

第三章　価値の源泉

経済学には、財やサービスの価値を決定づける要因についての理論・学説として価値理論がある。ここでは、その価値理論を踏まえて、共存主義のもとでの価値の源泉は何か、という基本的なマターを考察する。

労働価値説

「価値」については、経済学辞典で次のように説明されている。

商品は、使用価値と価値という二要因をもつことになる。商品は、まず物として、人間の欲望を満足させる性質を持つ。この物の有用性が使用価値である。さらに商品は交換されるという性質をもっている。それが商品の交換価値である。これは商品の他の商品との交換比率である。そしてこの交換価値の背後にある本質が価値である。交換価値は価値の現象形態である。商品の二要因たる使用価値と価値は、商品を生産する労働の二重性によって作り出される。すなわち具体的有用的労働と抽象的人間的労働である。この後者が価値を作りだす。それは社会的労働の一環としての抽象的人間労働である。商品はこの社会的性質を価値としてもつのである。[1]

アダム・スミスからマルクスに継承された学説に労働価値説がある。労働価値説は、リカードの商品の価値はその商品生産に投下された労働量によって決まるという投下労働価値説と、マルサスの交換価値はその商品が交換によって得る労働すなわち支配する労働によって規定されるという支配労働説があるが、[2]経済学辞典は、マルクスの労働価値説について次のように説明している。

商品の価値の実体は抽象的人間的労働であり、価値の量は商品の生産に社会的に必要な労働量によって定められ、そして商品の等価交換を通して、社会的労働はおのおの需要に応じて各商品生産部門に配分される。これが価値法則であり、商品生産社会ではこの法則によって社会的再生産が行なわれているのである。[3]

この労働価値説に対しては、効用価値説などの対立的な学説がある。効用価値説は、物によって人間の得る満足感、その主観的評価、効用を価値の根源とみる価値説であり、ジェヴォンズ、メンガー、ワルラスにより、ほぼ同時に、独立に体系化された。[4]

しかし、ここは経済理論を展開する場ではないので、労働価値説と効用価値説については、以上の程度にとどめ、先に進むことにしたい。

労働が価値を生むのか、効用が価値を生むのかはともかくとして、人々は、働くことによってその労働力に対する対価としての賃金や報酬を得て、それによって生活をしていることは確かである。預金の利子や株式の配当によって生活している人や年金で暮らしている人もいるが、共存主義のもとで、利子や配当や年金がどのようになるかは、それぞれ別個の問題となるから、ここでは働いて暮らすという点に絞ることにしたい。

働いて暮らす、言葉を換えれば、労働力の対価を生活の糧にするということが、資本主義の基本である。すなわち、資本家が資本を投じて工場や機械設備をつくり、その機械設備に原材料と労働者の労働力を投入して商品を生産し、その商品を市場で売却して経済を循環させるというのが、資本主義の基本的な構造である。このとき、労働者は労働力を資本家に売るのであるから、労働力も商品化されているという言葉で説明される。このことは、理論として労働価値説を採っても採らなくても、生活事実として承認してよいのではないかと思われる。

この資本主義の経済循環を共存主義では大幅に変更することになるが、共存主義のもとでも、人々が働いてその対価を得るということがなくなることはない。すなわち、働いて稼ぐということは、共存主義のもとでも依然として残るのであるから、労働が価値を生むという基本に変動はない。

以上により、共存主義のもとでは、労働を価値の源泉とすることでよいのではないかと思う。

なお、人間の主観的評価、効用を価値の根源とみる効用価値説は、広告・宣伝によって肝腎の「主観」が操作されたり、商品の希少性によって流通を促進されたり、独占によって価格操作が行われたりするので、理論通りに経済は動かない、と私は思っている。

したがって、効用が価値を生むという考えは、ここではさて置くことにする。もとより、効用が高ければ商品の価格が高くなることがあるだろうが、それはひとまず労働力に還元できるものとしておこう。

当然のことであるが、労働は、モノを生産するための労働だけでなく、サービスや知的労働も含まれる。また、家事労働も労働の中に入れておきたい。

1　前出『体系経済学辞典（第6版）』二八四頁
2　同書二八三頁
3　同書二八五頁
4　同書二八六頁

存在価値説

では、共存主義のもとにおける価値の源泉は、労働だけだろうか。

「労働」というのは、ヒトの営為の一つであるが、労働が価値を生むというのであれば、労働をするヒトにほんとうの価値の源泉があるのではないだろうか。

そこまで考えると、ヒトそのものが価値の源泉だということに思い当たる。すなわち、人間は、存在するだけで価値がある。人間そのものが価値の源泉である。ここに、共存主義の基本理念として、「存在価値説」を明確に宣言しておくことにする。

ヒトの存在を価値の源泉とすることによって、前章で考察した「個人の主体性」、「共存的所有」、「公正な合意」という共存主義の基礎が、より一層はっきり見えてくる。

では、ヒトの存在そのものに価値があるとした場合、労働に価値の源泉があるとしていたことは、いったい何だったのだろうか。

それは、歴史的にヒトの労働が必要とされていたから、その部分が肥大化して、働くことに価値がある、働かない人間は価値がないとされていたことに起因しているのであろう。

とくに資本主義的な生産過程において労働力が商品として通貨と交換されるようになると、資本家にすれば労働力を調達する必要から労働者を働かせる方向に圧力をかけ、労働者からすれば生活の糧を得るために働かざるを得ないという事態になる。そして、「働かざる者食うべからず」という宗教規範が社会倫理にまで高められ、働きのない人間は、社会の片隅に追いやられてゆく。

こうしてみると、労働が価値の源泉であるというのは、ひとえに歴史的な現象であることが分かる。とくに、資本主義のもとでは、この現象が顕著にあらわれる。逆からみると、労働が価値の源泉であるということ、「働かざる者食うべからず」という社会倫理は、資本主義の要請に他ならない。

もっと歴史を遡れば、大航海時代の奴隷、中世の農奴、そして、「働こうとしない者は、食べることもしてはならない」[1]と記されている新約聖書の時代にまで、いや、もっと前のピラミッドの時代のその前までも、労働力を調達する側の要請によってこの社会倫理が使われていたと言うべきであろう。

しかし私は、労働が価値の源泉であることを否定しているのではない。

労働力が通貨と交換され、その通貨によって労働者が生活の糧を得るという現実を踏まえれば、確かに労働は価値の源泉である。ヒトの存在自体に価値の源泉があるとする存在価値説に立つとしても、労働がヒトの営為の一つであるから、その労働もまた、価値の源泉であるということとは矛盾しない。労働は価値の源泉であるが、それだけでなく、ヒトの存在自体も価値の源泉である。ただ、歴史的にあまりにも長い間労働が価値の源泉だと見られ、その部分が肥大化していたので、ヒトの存在に価値の源泉があるということが見えなくなっているのである。また、ヒトの存在自体に価値の源泉があるということは、支配者側には不都合な事柄であるので、その事実を隠していたとも言えるだろう。

とくに資本主義のもとでの資本家は、市民革命の洗礼を受けているから、「自由、平等、友愛？なかなかいいじゃないか。じゃあ、労働力を買い取ろう。それで文句はなかろう」と考え、労働に価値の源泉があるものとして、その部分を異常に膨らませたのであろう。

こうして、ヒトの存在が価値の源泉であることは、人々の思考の外に追いやられていた。

しかし、二〇二〇年に全世界を襲った新型コロナウイルスは、多くの人々から働く場を取りあげた。

そして、労働の価値を下落させた。労働力を通貨と交換することさえおぼつかなくなってきた。すなわち、価値の源泉である労働そのものが危殆に瀕することになってしまったのである。この原稿を書いている二〇二二年五月では、まだ全世界がそのようになっているとまでは言えないが、南アフリカで発見された感染力が強い変異ウイルスが日本にも上陸し、新型コロナウイルスの猛威はいっこうに衰えそうにない。そうなると、もはや「働かざる者食うべからず」などと言ってはいられなくなってきた。新型コロナウイルス禍がいつまで続くかによるが、労働価値説の根底が崩れることは、現実性をおびてきた。

仮に首尾よく新型コロナウイルス禍が早期に終息するとしても、労働に価値の源泉があるということにいったん黄信号が出た以上、そのもとにある価値の源泉に着目して、考察をすすめることは必要なことだと思われる。

そこで、私は、存在価値説を明確に宣言して、共存主義の価値の源泉は、ヒトの存在そのものにあることを打ち出しておきたいと考えたのである。

しかし、存在価値説を宣言しても、それだけでは掛け声に終わることになってしまうだろう。

労働価値説の強いところは、労働力が通貨と交換され、通貨が労働者の手に渡されるところにある。では、この通貨とは何だろうか。このことについては、第五章で考察することにするが、要するに通貨は、価値をあらわすものであって、価値の表現形態である。労働力の価値は、通貨にあらわされ、その通貨が他の商品と交換される。言葉を換えれば、労働力は、通貨によって世の中に引き出されるのである。すなわち、通貨は、労働の価値を引き出すための道具である。

このことを念頭に置けば、存在価値説を単なる宣言だけで留め置くのではなくて、その価値の表現形態が必要であり、その価値を世の中に引き出す道具が必要になる。

その道具としては、何がよいのであろうか。それはやはり、どんな商品とも交換可能な通貨が最も適切だろう。

すなわち、ヒトの存在という価値を通貨で表現し、その通貨をヒトが受け取り、受け取った通貨を商品と交換することによって、ヒトの存在価値が世の中に出てゆくのである。こうして、ヒトは、いっそう確実に社会と繋がるのである。これを制度化するのが、ベーシック・インカムに他ならない。こうすることによって、存在価値説は、単なる宣言でなく、現実になるのである。

ここで忘れてはならないのは、労働もまた価値の源泉であるということである。

こうして、ヒトの存在と労働とによって、価値が通貨に表現され、その通貨を個人が受け取って、社会に出てくる。そして、その通貨はまずは個人の消費のために使用され、経済が動きだす。これが、共存主義の初動的な営みである。

1　『新約聖書』テサロニケの信徒への手紙二　三章一〇節

第四章　ベーシック・インカム

私は、前章で、ヒトの存在という価値を通貨で表現し、その通貨をヒトが受け取り、受け取った通貨を商品と交換することによって、ヒトの存在価値が世の中に出てゆくと言い、これを制度化するのがベーシック・インカムであると言った。では、ベーシック・インカムとは何だろうか。その本質まで探究してみよう。

ベーシック・インカムとは何か

ベーシック・インカムによって、存在価値説は単なる宣言ではなく、現実になるのであるから、共存主義を実現するためには、ベーシック・インカムは必然的な制度である。ちょうどそれは、資本主義にとって労働力を商品化することが必然的な制度であるのと同様なものと位置づけてよいだろう。

そこで、考えておくべきことは、ベーシック・インカムを欠く共存主義が成り立ちうるかという問題である。もし、ベーシック・インカムを欠くならば、それに代わる制度があり得るかどうかである。

すなわち、ヒトの存在自体に価値があることを認め、それにふさわしい制度を構築することができるかどうかである。

それは、「全くない」というものでもないだろう。

人類がこれまでに営々と積み上げてきた社会福祉制度や政策は、ヒトの存在に価値を認めなければできないことである。しかし、この社会福祉制度や政策は、ときの政治情勢や財政や経済思想などによって、しばしば削減されたり、否定されたりする。すなわち、制度として常に不安定な要素を含んでいる。したがって、社会福祉制度や政策は不徹底であって、それでは資本主義からのパラダイムシフトは中途半端になると言わざるを得ない。

よって、私は、資本主義からのパラダイム転換をはかるのであれば、ベーシック・インカムの導入は必然だと考えている。

しかし、ベーシック・インカムを導入する前の経過措置として、低所得者に最低限の生活をするために必要な現金を定期的に支給する制度を設けてもよい。この場合、現在の生活保護制度を抜本的に改変し、捕捉率一〇〇%を目指すべきである。

もとより、ひと口にベーシック・インカムと言っても、ベーシック・インカムの在り方は多様であるから、どのように制度設計をするかは、大いに議論しなければならないだろう。また、どういうプロセスを経て導入するかも大きな問題である。

しかし、それは今後の課題として、最終的にはベーシック・インカムを導入する、これが共存主義の大きな柱の一つである。

では、ベーシック・インカムとは、何であろうか。世上に流布されている定義に従えば――ベーシック・インカムとは、政府がすべての国民に対して最低限の生活をするために必要な現金を定期的に支給する最低所得保障のことである。

これをはじめて聞く人は誰しも、

「えー、そんなの有り!?」

と思うだろう。じつは私もそうだった。

しかし、ベーシック・インカムについての議論は、一六世紀末のイギリスの救貧法からはじまったと言われている。いや、そのずっと前から、たとえば古代ギリシャからはじまったという学説もある。それはともかくとして、少なくとも四〇〇年以上も延々と議論をしているテーマなのである。

議論されているだけでなく、実験的に導入している国もあれば、本格的に導入している地域もある。例えば、フィンランドは二〇一七年から実験的に導入した。また、オランダのユトレヒトでは二〇一六年から地域的なレベルの導入をした。さらにドイツでは、二〇二〇年から三年間にわたって一二〇〇人が毎月一二〇〇ユーロ（約一五万円）を受け取るという実験がはじまった。希望者は受付開始から七〇時間で一〇〇万人に達し、関心の高さをうかがわせた。[1]

しかし、国家的なレベルでベーシック・インカムの導入を行っている国はまだない。

1　二〇二〇年九月七日毎日新聞夕刊

ベーシック・インカムを導入する現在的意義

ベーシック・インカムなどと言うのは、これまではユートピア論者の夢物語のように思われていた節がある。

しかし、新型コロナウイルスの感染拡大によって、ベーシック・インカム導入が徐々に話題になり、最近では、マスコミ誌にも報道される頻度が高まってきた。その一つひとつを紹介することはできないが、私が目にしたコロナ禍以前の例を一つあげるとすれば、小川淳也衆議院議員は二〇一四年発行の著書でベーシック・インカムの導入を提唱している。[1]

こうした傾向をみると、新型コロナウイルスの猛威がいっこうに終息する気配がみえない状況にある中で、ベーシック・インカムがにわかに現実性をおびてきたと言うことができるだろう。

ところで、新型コロナウイルスがまだ第一波の渦中であった二〇二〇年四月一七日、安倍晋三元首相は、首相官邸で記者会見し、改正新型インフルエンザ等対策特別措置法に基づく緊急事態宣言の対象を全国に拡張したことを踏まえて、全国民に一人当たり一〇万円を一律支給することを表明した。

この政策は、ベーシック・インカムにどこか似ているのではないだろうか。どこが似ているのだろうか。

それは、この一〇万円が労働の対価ではないということである。さりとて、失業保険でもなく、生活保護でもない。この一〇万円は、この国にいる人ならば誰でも受け取ることができるのだから、貧困にあえいでいる人や失業した人だけでなく、富裕層の人たちも受け取ることができた。その富裕層の人たちに生活保護だと言っても、本人たちはピンとこないだろう。今私は、「全国民」にと言ったが、外国人も受け取ることができた。つまり、この国に存在する人には、誰でも受け取ることができたのである。

では、いったいこの一〇万円は何なのだろうか。

この一〇万円の性格について、政府はあやふやなことしか言わなかった。みんなが大変な思いをしているからだ、という程度の説明しかしなかった。この一〇万円の性格を問題にする声は、聞こえてこなかった。新聞報道を読んでも、テレビを視聴しても、僅かしか私の耳目に入ってこなかった。

しかし、素直に考えれば、この一〇万円は、人の労働力に価値をつけて、その価値に対して支給されたものではなく、人がそこにいるから支給されたのである。では、なぜそこにいれば支給されるのだろうか。それは、そこに存在するからである。つまり、存在すること自体に価値があるから、その価値に対して支給されたのである。逆に存在に価値がないのならば、支給されるはずのものではないのである。

これによって、この政策が資本主義のシステムに関係がないということがはっきり分かるだろう。関係がないというよりも、労働力が価値を生むという資本主義のシステムに反することなのである。これは何でもないと思われるかもしれないが、じつは歴史的な転換の予兆なのかもしれない。

しかし、この政策は、一回限りで終わるのだろうか。存在自体につけられた価値は、一瞬のうたかたとして消え去るのだろうか。

それはおそらく、新型コロナウイルス禍がいつまで続くかによって違いがあるだろう。もし、不幸にしてこの災禍が長引けば、ベーシック・インカムの導入は現実性を帯びてくるのではないかと思われる。

しかし、新型コロナウイルス禍が起ころうと起こるまいと、ベーシック・インカム論議はずっと前からはじまっていなければならなかった。そして、ベーシック・インカムは、新型コロナウイルスの蔓延がはじまる前に、導入しておくべき政策だったと思う。前に述べたように、ベーシック・インカム論議は、少なくとも四〇〇年前からはじまっていた。そして、私も、以前から導入すべきだと考えていたので、武漢で新型コロナウイルスによる感染症が発生した少し前の二〇一九年一一月に、ベーシック・インカム論議をたたかわす小説を発表した。[2]

仮定のことだと言われるかもしれないが、もし、以前からベーシック・インカムを導入していたとしたら、コロナ禍に対しても、より適切な対応ができたのではないかと思われる。

　この度の新型コロナウイルスの帰趨はまだ読むことができないが、人類とウイルスとの闘いはこれからも繰り返されるだろう。そのときに備えて、ベーシック・インカムの導入を検討することは、今すぐにはじめても早すぎると言うことはない。

　ベーシック・インカム導入は、新型コロナウイルスの蔓延以前から現代的意義があったが、新型コロナウイルスの脅威の最中にある今となっては、もはや現在的意義を持っていると言えるのではないだろうか。

1　小川淳也『日本改革原案　二〇五〇年成熟国家への道』（光文社）二一一頁〜二一五頁
2　廣田尚久『ベーシック　命をつなぐ物語』（河出書房新社）一五五頁〜一五七頁

ベーシック・インカムのメリットとデメリット

　ベーシック・インカムについては、賛否両論がある。

　ベーシック・インカムに関する書籍は山ほどあり、インターネットで調べればゾロリと解説や意見が出てくる。詳しくはそのような文献やその他の文献、論文、情報に目を通していただきたい。

　ベーシック・インカムに関する諸説は、そのメリットとデメリットをめぐって繰り広げられることが多いので、はじめにそのメリットとデメリットを箇条書き的に掲げておきたい。

ベーシック・インカムのメリットとして言われているのは、貧困対策、少子化対策、地域活性化、社会保障制度の簡素化、行政コストの削減、労働意欲の向上、景気の上昇、余暇の充実、経済活動の活性化、学生や研究者の安心など。

これに対して、デメリットとしてあげられているのは、賃下げへの不安、財政の不安、財源の困難性、労働意欲の低下、景気の下降など。

ここまでくると、「オヤッ⁉」と思われる人も多いだろう。同じ項目でも、メリットにあげる説もあれば、正反対にデメリットにあげる説もある。例えば、ベーシック・インカムを導入すれば、景気が上昇するという説もあれば、逆に景気が下降するという説もある。また、労働意欲が向上するという説もあれば、逆に労働意欲が低下するという説もある。興味深いのは、生活苦がなくなるから万引きなどの窃盗犯が少なくなるというメリットをあげる説もあれば、刑務所から出てきても生活ができるから刑罰の抑止効果がなくなり犯罪が増加するというデメリットをあげる説もある。

これら諸説の大半は、頭の中で論理的に出てきたものであるが、フィンランドやオランダや、これから解明されるであろうドイツなどの実験によって、いずれ経験的に分かってくることが多くなると思う。

ここでは、メリットとデメリットをめぐる諸説を箇条書き的にあげただけだが、それぞれには内容の深い考察がある。よって、一つひとつ自分で考えてみるとなかなかよい頭の体操になる。

そして、重要なことは、メリット、デメリットとしてあげられるそれぞれの項目について、そこから先の問題があり、それによって、メリット、デメリットのベクトルも変わってくることである。

例えば、貧困対策であるが、それだけ取りあげれば、メリットであると思われるだろう。しかし、ベーシック・インカムの導入によって、社会福祉予算が削減されれば、かえって貧困者を窮地に追い込むことになるとして、これをデメリットとカウントする論者もいる。これは、制度設計に関わる問題でもあるだろう。

私は、貧困対策は、ベーシック・インカムの大きな柱であると考え、その意味でメリットにあげておきたいと思う。しかし、貧困対策だけをとりあげてベーシック・インカムの是非を論じると、抽象的な論議に気を取られるだけであって、あまり実りのある成果は得られないと思っている。

すなわち、ベーシック・インカムのメリット、デメリットは、ベーシック・インカムの全体像をとらえなければ、妥当な結論を得ることはできないと思う。つまり、ベーシック・インカムの制度設計をしたうえで、構想するベーシック・インカムについて、メリット、デメリットという分析道具を使って点検し、デメリットを修正してメリットに変えてゆくという作業が必要だと考えている。譬えて言うならば、一つのビルディングを建築するときに、外観がいまいちだとか、採光がよくないとか、構造に無理があるとか、コストが高すぎるとか、その他さまざまな要素を点検して修正するように。

しかし、私は、ベーシック・インカムのメリット、デメリットを論じることに意味がないと考えているのではない。逆に、メリット、デメリットを考察し、議論をたたかわせることは、有意義だと思っている。なぜならば、メリット、デメリット論議によって、ベーシック・インカムの姿が見えてくるという事実があるからである。そして、メリット、デメリットを論議し、分析することによって、望ましいベーシック・インカム、あるいは望ましくないベーシック・インカムは何かということが分かってくるからである。

その意味からして、私は、これまでに多くの論者があげたベーシック・インカムのメリットとデメリットは、すべて正しいと考えている。

すべて正しいということを念頭に置いたうえで、ベーシック・インカムの考察を進めてゆきたい。

ベーシック・インカムと労働との関係

ベーシック・インカムのことをはじめて聞いたときに、働きもしないで天から降ってくるようなお金を受け取るのは、あまりにも虫がよいと思う人が多いのではないだろうか。

しかし、ほんとうに虫がよいのだろうか。それはそうでもないだろう。

地球上にホモ・サピエンスが出現したのは二〇万年前と言われているが、農耕や牧畜がはじまった一万年前までの間は、ずっと狩猟採集時代で、ヒトは自然の中にあったものをタダで獲得していた。

つまり、ベーシック・インカムは保障されていたのである。

しかし、ヒトは、農耕を知り、牧畜をし、土地を囲い込み、工場を作り、生産手段を特定の人間が独占するようになった。さらに、時代が下った現在では、労働力がいらない分野が大きくなり、労働の価値の低下が顕著になって、糧を得る手がかりさえない人間が、だんだん多くなってきた。そして、多くの人が絶対的貧困の恐怖におびえるところにまできてしまった。

こうなると、ベーシック・インカムのもともとの基本に立ち帰って、堂々とお金を受け取ってよいということになるのではないだろうか。

そこで、労働に立ち戻って、ベーシック・インカムと労働との関係を考えておきたい。

労働が価値を生み、労働が商品の価値を決めるという労働価値説をとるかどうかはともかくとして、働いて稼いで暮らすということがヒトの生き方の基本的なパターンだった。

では、「働く」とか「労働」というものは、いったい何なのだろうか。

確かに、「労働」の「労」は、激しい仕事と疲れ、つらい仕事をやり遂げた苦労という意味がある。したがって、歴史的に見れば、領主が農奴に労働させる、奴隷に労働をさせる、強制労働をさせる、雇用者が被用者を搾取するというような事実が延々と続いている。しかし、ベーシック・インカムを導入すれば、こういう労働の暗黒面からは解放される。

とくに資本制社会になると、経済は商品交換によって成り立っているから、労働力は貨幣と交換される。人々は、生活のために労働力を売って貨幣と交換するのだが、ベーシック・インカムが導入されれば、生活のために労働力を売ることが必ずしも必要ではなくなる。ということは、ベーシック・インカムが資本主義の根底を揺さぶることになる。

一方、「働く」という観点から考えると、いったい人間は働かなくても生きてゆけるのだろうか、という問題が出てくる。

ヒトが労働から解放されて、働いて稼いで暮すという生活の様式がなくなるときに、では、ヒトは、どのような生き方をするのだろうか。このことは、働かないで暮らす有産階級やリタイアした高齢層ではこれまでもあったことだが、これが社会全体として普遍的な生活様式になったとき、ヒトはそれに満足するのだろうか。あるいは耐えられるのだろうか。

それは「働く」ことが人間の本能なのかどうかということに関わっていると思う。働くことが遺伝子に組み込まれているのか、あるいはヒトの脳の仕組みになっているのか。「働く」という文字は、人偏に動くと書くように、ヒトは肉体的に身体を動かしたり、脳を動かしたりしなければ、身体や脳が衰えることは確かだろう。

そのことと関連があると思うが、働いて稼ぐということが、人間の生き甲斐になっていることは確かだと思う。だから働かなければ満足できないし、それが進むと耐えられなくなる。

ベーシック・インカムは、「働く」ということと「稼ぐ」ということを分離させることになる。しかし、稼がなくても、つまり実入りがなくても、働くだけで満足することもあるし、耐えられることはあり得るだろう。

例えば、ボランティアをするとか、芸術や創作活動や科学研究に時間を使えばよいという言説もある。あるいは、ベーシック・インカムが導入されても、働いて稼ぐことは否定されないのだから、働いて稼ぎたければ働けばよい。

はっきりしているのは、労働によって価値が生まれるとしていた人類の歴史が、「価値」の意味も変質し、価値は必ずしも貨幣によって表現されるものではなくなるということである。そして、ヒトの生活様式も変わるということである。

ベーシック・インカムの本質

ここで、もう一度「働かざる者食うべからず」という言葉を考えてみよう。

この言葉は、「働こうとしない者は、食べることもしてはならない」という新約聖書のテサロニケの信徒への手紙二の第三章第一〇節にある戒律である。この宗教的な戒律から普遍的な倫理になり、さらに資本主義の倫理規範、人々の行動規範までになっている。それだけでなく、「働かざる者」は現実に「食べること」ができなくなってしまったのである。

しかし、よく考えてみると、この言葉は、強者が弱者を切り棄てるときに、強者が自分を正当化する論理として機能していることが分かる。「働かざる者食うべからず」という一見もっともな規範は、じつは残忍なのだ。人々は、この言葉の裏にある残酷さに気づかなければならない。

新型コロナウイルス禍によって、人々は、この言葉の残酷さに思い知らされたのではないだろうか。新型コロナウイルスの感染拡大によって職を失った人に対して、「働かざる者食うべからず」と言えるだろうか。新型コロナウイルス禍が長期化すれば、これは、使ってはならない言葉になるだろう。すなわち、コロナ禍が、「働かざる者食うべからず」という資本主義の倫理規範、人々の行動規範を無効化するところまできているのである。

しかし、この倫理規範、行動規範は、コロナ禍があろうとなかろうと、いずれは無効化されなければならなかった。

資本主義が異常な様相を示して、中間層が没落し、富者と貧者との格差が拡大したコロナ禍直前の世界各国の状況は、「働かざる者食うべからず」という単純な倫理規範や行動規範で経済や社会を律することはできなくなっていた。コロナ禍は、この傾向を加速化させ、可視化しただけだと理解すべきであろう。

したがって、人々は、「働かざる者食うべからず」という言葉から解放される歴史的な局面を迎えていると考えることができる。この言葉から解放されることは、人々が資本主義から解放されることを意味する。すなわち、過去二〇〇年の資本主義の桎梏から解放されることになる。

それだけでなく、人々は、人間を支配していた神からも解放される。ベーシック・インカムは、それだけですべてが解決するわけではないが、ベーシック・インカムが導入されれば、ヒトは貧困や苦役から脱出することができる。したがって、神は、貧困に陥る恐怖や恫喝によって人間を支配することはできなくなる。そういう意味からしても、人間はほんとうの人間になる。神を信じようと信じまいと、ヒトは無条件で救われなければならない。救われるという言葉は適切でないので、言い換えれば、ヒトは誰一人、社会から切り捨てられてはならない。

すなわち、ベーシック・インカムは、労働が商品の価値を生むとされてきた労働価値説や歴史的事実を変革し、人間の存在自体に価値の源泉があることを現実化する。現実化するということは、ベーシック・インカムが資本主義のパラダイムを転換し、共存主義という新しいパラダイムの扉を開ける鍵であることを意味している。

これが、ベーシック・インカムの本質である。

私は、ベーシック・インカムが、新しい時代を開く鍵だと考えているが、その鍵で扉を開けた先に何が見えてくるのだろうか。それは「共存主義」という新しいパラダイムに他ならないが、次章以下でその大まかな姿を見ることにしたい。

ベーシック・インカムの客観性と社会性

ところで、私は前に、世上に流布されているベーシック・インカムの定義に従って「支給」という言葉を使ったが、人が存在すること自体に価値があるのであれば、それはもともとその人が持っているものであるから、政府やお上から「支給」されるとか、政府やお上に「要求」するという発想は、そもそも問題があるのではないだろうか。

私は、権利として要求するとか、政府から支給されるという概念から一歩踏み出さなければ、ベーシック・インカムを現実のものにすることができないのではないかと考えている。

このことは、ベーシック・インカムの本質に関わる問題である。なぜならば、ベーシック・インカムは、存在するだけで価値があるヒト自身が持っているその価値を、通貨に表現したものであるから、政府に要求するような類の権利ではないからである。すなわち、自分が持っている自分の価値を通貨の形にして受け取るだけでよいということになるはずだからである。

しかし、では、自分自身が持っている価値は、通貨に表現した場合、いったいいくらか、という問題が出てくる。もっと具体的に言うならば、人々は、毎月いくらのベーシック・インカムを受け取るべきかという問題に突き当たる。

ベーシック・インカムは、老若男女を問わず、一定額を定期的に、ヒトが生きてゆくために必要な最低限度の費用を保障する制度である。しかし、もともとヒトの価値は、それぞれ異なるのであって、必ずしも通貨で表現されるものではない。しかも、その価値が通貨によって表現される部分が多い人も少ない人もいる。すなわち、ヒトの価値は、通貨などという抽象的なものに還元されるものではなく、本来は通貨に表現されるものでもない。

しかし、ベーシック・インカムが平等に「一定額」としている以上、ヒトの価値のうちの「一定の部分」に着目して、その部分を通貨に表現しなければ現実化できない。その「一定額」は何かというと、「生きてゆくために必要な最低限度の費用」と説明されている。

ところで、人間は、言うまでもなく社会の中で生きてゆく。すなわち、「生きて行くために必要な最低限度の費用」は、社会との相関関係によって決まるのである。平等に「一定額」というのは、その人間の属性によって決まるのではなく、客観的に社会的に決まるのである。したがって、ヒトの存在に価値の源泉があるとは言うものの、ベーシック・インカムの対象となる価値は、社会的に「生きてゆくために必要な最低限度の費用」とされる部分に限定されるのである。すなわち、ベーシック・インカムは、その意味からしても社会性を帯びているのである。

ということは、ベーシック・インカムは、社会におけるもろもろの事象と不可分に結びついているということになる。そういうことを念頭に置いて、ベーシック・インカムの財源の考察に入ることにしよう。

ベーシック・インカムを阻む財源の壁

ここで重要な問題として浮かびあがってくることは、ベーシック・インカムの財源をどこに求めるかという問題である。

ベーシック・インカムは政府に要求する権利であると理論構成するのは問題であるとしても、国などの共同体から受け取るものである事実は否定することはできない。理論的に言えば、人々の価値の集合体である共同体（ここではひとまず「国」ということにしよう）から受け取ると考えればよいと思う。

ベーシック・インカムの本質についての理解が深まり、以上のような前提に立ったとしても、国に財源がなくては躓いてしまう。

ベーシック・インカムは、一定額を定期的に、人間が生きて行くために必要な最低限度の費用を保障する制度であるが、これを実際に予算に組み込もうとすると、国によって異なるものの、たいていは税収をはるかにオーバーしてしまう。

それをカヴァーするために増税をしようとしても、人々の抵抗にあってなかなかできるものではない。

この増税に対しては、消費税の増率、所得税や相続税や法人税の累進性を高めること、金融取引税の新設等々さまざまな案があるが、問題は、ベーシック・インカムに対して何を引き当てるかである。

ここで注目すべきは、共同所有としての自然資産があり、その価値は、先人の労働やその成果としてのストックである資本による貢献によって、さらにはそれらを使用する際の技術、知識の革新・深化によって増大してきた「社会的財産」であるという学説である[1]。すなわち、引き当てられるのは、社会的資産や自然資源であるということである。そして、ジョブ[2]の報酬の中にはこれまで蓄積された社会的資産や自然界にある資源が含まれているのだから、それを税金として吸い上げて分配するという考えにつながってゆく。ここでいう「ジョブ」とは、お金を稼ぐ仕事だけではなく、ボランティアや芸術活動や家事労働も含むのだが、いずれにせよジョブというパイプによって社会とつながりを持ち、そのジョブによって獲得した価値のうち、社会的資産や自然資源によって獲得された部分を再配分するという説になる。この説は、共同体の在り方につながってゆく考え方であり、たいへん示唆に富んでいる。

しかし、「ジョブ」によって吸い上げられる額がいくらかという問題がある。また、その額とベーシック・インカムの額とが一致するとは限らない。そのすべてをベーシック・インカムに当てるとしても、おそらくとうてい追いつかないであろう。したがって、財源の問題は依然として残ることになる。

歳入の増加ではまかないきれないのだとすれば、歳出を削減すればよいということになるのだろうが、多くの国は多額の国債を発行して財政が硬直化しているので、歳出の削減が容易にできるものではない。また、歳出の中には削減できない恒常的な費用も少なくない。

歳入の増加、歳出の削減ではどうしてもベーシック・インカムの総額に追いつかない。

ここで多くの論者は匙を投げて、ベーシック・インカム導入反対論にまわってしまうのである。「財源がないから無理だ」、これがベーシック・インカムに対するあらかたの見解の結論だといってよいだろう。

しかし、ベーシック・インカム導入を諦めきれない論者も少なくない。その論者の最も手っ取り早い方策は国債の発行だろう。しかし、国債発行にも限界がある。とはいうものの、背に腹は代えられないときもある。

二〇二〇年四月の緊急事態宣言のときに、全国民に一人当たり一〇万円を一律支給されたが、補正予算案によれば、これに一二兆八八〇三億円が必要だということになっている。そして、その財源としては、全額が国債の追加発行である。[3]

この国債によって給付金の財源とするという政策がいつまで続くだろうか。

令和四年度（二〇二二年度）予算における一般会計歳出歳入の構成によると、歳入の中の公債金は三六兆五二六〇億円で、歳出の中の国債費は二四兆三三九三億円である。国債費とは国債の償還と利息に充てる費用のことであるが、歳出の国債費が歳入の公債金にかなり近づいていることが分かる。

したがって、国債発行による方法の限界はすでに見えてしまっており、国債発行をベーシック・インカムの財源とする方法は壁に阻まれて、財源の問題を解決できないという結論になるだろう。

1　P・ヴァン・パリース著、後藤玲子・齊藤拓訳『ベーシック・インカムの哲学　すべての人にリアルな自由を　新装版』四一二頁。なお、ここでは、訳者解説によった。
2　同書一九二頁〜一九九頁
3　二〇二〇年四月二一日毎日新聞

ベーシック・インカムと現代貨幣理論（ＭＭＴ）

これに対して、自国通貨建てであれば政府の支払能力には制限はなく、国家はいくらでも国債を発行することができるという、現代貨幣理論（Modern Monetary Theory 略称ＭＭＴ。以下、「ＭＭＴ」という）がある。[1] このＭＭＴによれば、今ここで私が述べた懸念は、問題にするに値しないことになる。[2] しかし、国債の発行を国家予算の「公債金」として計上する以上、償還と利払いを意識して、ＭＭＴとは逆のベクトルがかかることは避けられないだろう。したがって、国債の発行には、やはり壁があると言わざるを得ない。

では、財源の壁に阻まれて、ベーシック・インカムはやはりダメということになるのだろうか。それはそうでもないだろう。もう一つあるとすれば、国が通貨を発行する方法である。このことをもう少し突っ込んで考えてみよう。

その代表的な意見は、通貨発行益を財源にすればよいというものである。通貨発行益とは、政府や中央銀行が発行する通貨の額面からその製造コストを差し引いた発行利益のことだが、英語ではシニョリッジという。その語源は中世の封建領主を意味するシニョールで、シニョリッジとは領主が持つさまざまな特権を指していた。[3] ここで重要なポイントは、政府がこの特権を握っているということである。例えば、一万円札の製造コストが二五円に過ぎないとすれば、額面との差の九九七五円が通貨発行益になる。この九九七五円をベーシック・インカムの財源にすれば、増税や予算の削減などを考える必要はないということになる。

これはいかにも都合のよい話である。はじめてそれを聞くと、誰でも「エー、そんなの有り⁉」と思うが、よくよく冷静に考えてみればあり得ることだと気づく。ただ製造コストなどと言うから誤解が生じる。通貨をつくるときには僅かな製造コストがかかることが事実だが、金の含有率の高い金貨ならばともかくとして、印刷された紙幣やら電磁的な記号の電子マネーなら、通貨の額面に比べれば製造コストなどはごく僅かなものである。したがって、ここは端的に、政府なり共同体なりが発行する通貨と言ってしまって、その政府なり共同体が発行する通貨をばら撒けばいいという発想が出てくるのである。

これをヘリコプターマネーというのだが、あたかもヘリコプターから現金をばら撒くように、政府が対価をとらずに大量の通貨を市中に供給する。[4] ヘリコプターマネーと言うといかにも印象が強烈で誤解を招く恐れがあるが、これをベーシック・インカムにあてはめて、国が発行する通貨を全員に給付するということにすれば、財源の問題はあっという間に片づくことになる。

この論は、極めて刺激的であり、それ故に抵抗感を覚える人が多いだろう。

しかし、二〇二〇年四月の一〇万円の一律支給という政策は、この論に極めて近いのである。なぜならば、この政策の財源は全部国債の発行でまかなうものであり、その国債の多くの部分を結局は日銀が買い受けるからである。もっとも財政法は日銀による直接引き受け（財政ファイナンス）を禁じているが、日銀は二〇二〇年四月二七日の金融政策決定会合で国債無制限購入を決定したので、国債の発行は財政ファイナンスに非常に近い状態に陥っているのである。すなわち、政府が通貨を発行することと、政府が国債を発行して日銀が市中で国債を購入することとは、実質的には同じである。

しかし、この政策には問題がある。すぐに思い当ることは、政府が通貨を発行し続ければ、インフレーションが起こるという懸念である。第一次世界大戦後のドイツで起こったような急激なインフレーション、つまりハイパー・インフレーションが起こったら大騒動になる。

それを防ぐ意味でも、もっと本質的なことを考えておかなければならない。

私が言いたいのは、この政策を採用するのならば、問題点の所在と内容を認識し、しっかりと手当てをする必要があるということである。

そのことを認識したうえで、国が通貨を発行し、これをベーシック・インカムの財源に当てるという方法を検討することはできないだろうか。

自国通貨を発行する権限を有する政府は、市場の供給能力を上限に、通貨を発行して需要を拡大することができるというのがMMTの理論の根幹である。

しかし、安易にMMTを採用すれば、前に述べたように、インフレに歯止めがかからなくなるという懸念は残る。とは言うものの、コロナ禍に対応するために莫大な財政出動が迫られているので、その財源を論議するまでもなく、国債の増発は当然のことと思われているようである。その国債の増発が、実質的に財政ファイナンスならば、国家予算の公債金に計上して財政構造を歪めるよりも、通貨を発行して財源に充てる方がむしろ健全なのではないだろうか。

新型コロナウイルスは、有無を言わさず、通貨の増発に舵を切らせているのである。この現実を直視して、ベーシック・インカムの導入に踏み切り、その方法として、通貨を発行することは、十分に検討するに値すると思われる。

ところがMMT論者は、ベーシック・インカムのように通貨を「無料」で提供する政策は「租税が貨幣を動かす」というメカニズムを無効にして通貨の価値を激しく下落させ究極的にはゼロに近づける、労働者を労働市場から退出させて総生産力を低下させインフレ圧力が生じる、等々の理由で消極的である。[5]

しかし、果たして論者の言う通りであろうか。ここでこの消極論の論拠にいちいち反論することは避けることにするが、「価値」とか「労働」のとらえ方によって、この消極論の結論が変わることもあり得るのではないかと思われる。

ＭＭＴのもっとも重要な主張は、「財政的な予算制約はない」ということである。[6] 新型コロナウイルス対策を講じるとき、財政的な予算制約を考えていたのでは対策が後手々々になる。ここは予算制約に縛られずに、思い切って新型コロナウイルスを封じ込める必要があるのではないだろうか。

私は、ＭＭＴのうちの「財政的な予算制約はない」という主張を生かして、主として通貨発行によってベーシック・インカムを導入することにし、そのことを可能にする社会の諸制度を構築することが最も望ましいと考えている。

したがって、ただちにＭＭＴについて研究にとりかかるべきではないかと思う。それは、ベーシック・インカムを視野に入れつつ、通貨の在り方について考察を深めることにも繋がることである。

1　島倉原『ＭＭＴ《現代貨幣理論》とは何か　日本を救う反緊縮理論』（角川新書）九六頁
2　現代貨幣理論（ＭＭＴ）については、前記『ＭＭＴとは何か　日本を救う反緊縮理論』の外に、井上智洋『ＭＭＴ　現代貨幣理論とは何か』（講談社選書メチエ）参照
3　岩村充『貨幣進化論「成長なき時代」の通貨システム』（新潮社）四四頁
4　井上智洋『ＡＩ時代の新・ベーシックインカム論』（光文社新書）八四頁
5　前出『ＭＭＴとは何か　日本を救う反緊縮理論』一八五頁〜一八九頁
6　前出『ＭＭＴ　現代貨幣理論とは何か』三〇頁

第五章　共存主義における通貨

共存主義においては、通貨の在り方も変更しなければならない。そこで、まず通貨の本質を通観し、通貨の機能、創造などを検討したうえで、共存主義における通貨の在り方を提示したいと思う。

通貨の意義

貨幣の起源を貝殻や石などの自然貨幣にまで遡れば、太古の闇の中まで迷い込まなければならない。ヒトとヒト以外の動物とを区別するものは、言語と火を使うことだと言われているが、私はそれに、貨幣を使うことを加えたい。私は、ヒト以外の動物が貨幣を使ったという話を聞いたことがない。また、チンパンジーが貨幣を使うまでに進歩するとも思えない。私の想像では、貨幣の発明は、言語や火の使用よりも相当あとのことだと思うが、それでも淵源を突き止めることが困難なほど昔のことであることは確かであろう。

しかし、貨幣の歴史については多数の著書があるので[1]、それらの著書に譲ることにしたい。また、経済学の大著は、必ずと言ってよいほど貨幣に関する理論を展開している。[2] これらを跋渉して探究することは有意義であろうが、ここでも、本書に必要な限度で貨幣を論述するにとどめたい。

ところで、「貨幣」という言葉であるが、日本における法令用語としての「貨幣」は、硬貨のみを指し、「紙幣」や「銀行券」とは区別している。しかし、「硬貨」と「紙幣」とを区別せずに、合わせて「貨幣」という言葉を使うことが多いので、ここでは、「貨幣」という言葉を使用したが、「貨幣」という言葉には、「銀行券」だけでなく、銀行の当座預金、普通預金などの預金通貨、定期預金などの準通貨を含むことがある。そして、近時は電子マネーがさかんに使用されているので、「貨幣」という言葉よりも「通貨」という言葉を使用する方が適切であろう。しかし、時を遡るときには、「貨幣」の方がピンとくるので、そういう場合には、しばらく「貨幣」を使用させていただくことにする。

1　例えば、ニーアル・ファーガソン著、仙名紀訳『マネーの進化史』（早川書店）、岩井克人著『貨幣論』（筑摩書房）、前出『貨幣進化論「成長なき時代」の通貨システム』

2　例えば、アダム・スミス著、大河内一男訳『国富論Ⅰ』（中公新書）、マルクス著、エンゲルス編、長谷部文雄訳『資本論第一巻』（青木書店）、J・M・ケインズ著、塩野谷祐一訳『雇用・利子および貨幣の一般理論』（東洋経済新報社）、前出『サムエルソン経済学上』、ジンメル著、居安正訳『貨幣の哲学』（白水社）

商品貨幣論

貨幣の歴史に関係することであるが、「貨幣とは何か」と問われるときには、金本位制について論及することは欠かせないと思う。

アダム・スミスにも、カール・マルクスにも支持されていた金本位制は、二世紀近い時間をかけて作りあげられてきたが、第一次世界大戦（一九一四年〜一九一八年）の時期に各国は金兌換を停止して金本位制から離脱した。そして、大戦が終わると、各国は金本位制復帰へ動き始めた。しかし、それを難なくやり遂げることができたのは、世界中の金が集まっていた米国だけであって、戦争に膨大な人命と富をつぎ込んだヨーロッパの各国は、金が不足していたので、金本位制への復帰は容易なことではなかった。

イギリスは、大戦前の平価での兌換再開にこぎつけることができたが、金利の長期高騰という犠牲を払わなければならなかった。フランスやイタリアは、大幅な平価切下げを行って、ようやく金兌換の再開をすることができた。ドイツは、ハイパー・インフレーションが起こったが、レンテルマルクの発行で切り抜けた後に金本位制に復帰した。[1]

しかし、一九二九年の大恐慌のはじまりによって、金本位制の維持が困難になり、一九三一年にイギリス、三三年に米国、三七年にフランスが金兌換を停止し、金本位制はいったん世界から姿を消した。この間、日本は一九三〇年に井上財政のもとで金解禁に踏み切ったが、三一年に高橋財政によって金本位制から離脱した。
その後、一九三九年にドイツ軍がポーランドに侵入して第二次世界大戦が勃発し、四一年は日本が参戦したが、大戦の帰趨が見えてきた一九四四年の夏、米国北東部ニューハンプシャー州のブレトンウッズに、当時の連合国の代表たちが集まり、戦後の経済体制を決める会議が開かれた。この会議で、国際通貨基金（ＩＭＦ）と国際復興開発銀行（世界銀行）の設立と、金との交換制を復活させたドルを基軸とする国際通貨体制の再構築が決定された。こうして世界大恐慌、世界大戦と続いた混乱のために停止していた金本位制が復活した。この再建された国際通貨体制は、「ブレトンウッズ体制」と呼ばれることになった。[2]
ブレトンウッズ体制では、まずドルが金に対して平価を設定する。すなわち、米国は大不況期の一九三四年の金準備法で、「金一トロイオンス＝三五ドル」（一ドルの価値は〇・八八八六七一グラム）という平価をドルの価値として決めてあったので、それを使うことにした。そして次に、このドルに対して各国は交換比率（為替レート）を設定する。一度設定した為替レートは通常は動かさないことを原則としたので、ブレトンウッズ体制は固定相場制を採用したことになる。しかし、この平価でドルを金に交換できるのは、この体制に参加している国の通貨当局（通貨制度を管理している各国の政府と中央銀行）に限られた。[3]
このような歴史を踏まえて、貨幣の本質は何か、と問われるならば、貨幣の起源を素材としての価値に求め、「貨幣＝交換に用いられる財」であるという答えになる。すなわち、原始的な取引は物々交換で行われていたが、それでは不便であったため、それ自体モノとしての価値がある「商品」が便利な貨幣として用いられるようになったということである。これが「商品貨幣論」と言われる貨幣の本質論である。[4]

この商品貨幣論は、アダム・スミスからカール・マルクスといった経済学者、そして現代の標準的な経済学の教科書へと引き継がれている。[5]

しかし、金本位制をとっている国がどこにもない現在の人々からすると、この商品貨幣論はどこか違和感があることは否定できないであろう。その違和感の発生源は、通貨の機能を考察すれば見えてくるものであるが、その前にブレトンウッズ体制の命運から考察をすすめたいと思う。

1　前出『貨幣進化論「成長なき時代」の通貨システム』一三九頁〜一四五頁
2　同書一六七頁
3　同書一六八頁〜一六九頁
4　前出『MMTとは何か　日本を救う反緊縮理論』四四頁
5　同書同頁

信用貨幣論

ブレトンウッズ体制は、あっさりと崩壊した。

一九七一年八月一五日、米国のニクソン大統領はラジオとテレビを通じて演説を行い、ドルと金との交換を停止すると発表した。第二次世界大戦の打撃から回復した日本や西ドイツからの大幅な輸入超過に悩んでいた米国がドルの価値維持ができなくなったのである。[1]

このニクソン・ショックを契機にドル売りが激化し、各国通貨当局は固定相場制を維持するのが困難になった。そこで同年一二月にスミソニアン会議が開催され、ドルの切り下げが決定されたが、この措置によってもドル売りの動きが鎮静化せず、七三年春には先進諸国が変動相場制に移行した。こうしてブレトンウッズ体制は実質的に崩壊し、国際通貨体制は変容したのである。[2]

国際通貨体制に論及した以上、プラザ合意に言及する必要があるだろう。

一九八五年九月二二日、アメリカ、日本、西ドイツ、フランス、イギリスの五か国は、ニューヨークのプラザ・ホテルで、先進国五か国蔵相・中央銀行総裁会議（Ｇ５）を開催した。このプラザ会議では、対外不均衡是正のために、ドルに対して円とマルクを切り上げるとともに、両国が内需拡大をはかることが主要課題になり、Ｇ５諸国は、ドル高是正のための協調介入を行うことに合意した。[3]

ブレトンウッズ体制の崩壊とプラザ合意の影響によって、日本がいわゆる「バブル」に飲み込まれることになるのであるが、このことについては、多くの著作があるので、それらの著書に委ねることにしたい。[4]

ブレトンウッズ体制の崩壊が「貨幣」に対して及ぼした影響のうちで、私が重視していることは、貨幣が「金《きん》と交換できるもの」でなくなって、「金と交換できないもの」になったことである。つまり、貨幣を繋ぎ止めておくものは何もなくなったことである。

「貨幣とは何か」という問題については、古くから貨幣商品説、貨幣法制説などの論争があったが、ブレトンウッズ体制崩壊以後は、貨幣はどのようなものになったのだろうか。

岩井克人は、「貨幣が貨幣であるのはそれが貨幣であるからなのである」と言い、さらに「貨幣が貨幣としての役割をはたすためには、それに対する社会的な労働の投入や主観的な欲望のひろがりといった実体的な根拠はなにも必要としてはいない」と言う。[5]

貨幣は、合金でできた鋳貨か、薄っぺらな紙でできた紙幣か、電磁的に書き込まれたエレクトロニック・マネーであって、そのもの自体には値打はない。ただ貨幣として流通しているから貨幣なのである。確かに貨幣はそのようなものであるが、この説によると、ブレトンウッズ体制の崩壊があろうとなかろうと、もともと貨幣は流通しているから貨幣だという循環論法の中で位置を占めるものであるということになる。しかし、この説に対して、島倉原は、およそ無意味な結論であって、説得力に乏しいと批判している。[6]

では、島倉は、貨幣の本質をどのように論じているだろうか。

島倉は、物々交換市場は存在しなかったのであって、貨幣が存在する以前の商取引は、「貸し借り」の関係を伴う「信用取引」＝ツケ払いにならざるを得ず、そうした取引に用いられた「債務証書」こそが貨幣の起源であると言う。そして、中世ヨーロッパの商取引で主として用いられていたのは金属硬貨ではなく、「割り符（tally）」と呼ばれる、セイヨウハシバミ（ヘーゼルナッツがなる落葉低木）を材料とする四角い木の棒であった。例えば、モノやサービスを取引する場合には、まず割り符に購入額を示す刻み目が付けられ、刻み目の両側に買い手の名前や取引の日時が記入された後、割り符は分割されて切り離される。こうして長さの異なる二つの木片が作られ、長い方は売り手（債権者）に短い方は買い手（債務者）が所持する、いわば複写式の債権証書ができあがる。この割り符は、同じ金額・名前・日付が記載されているので、これを合わせることによって決済することができる。そして、不特定多数を債務者とするさまざまな取引に基づいて「発行」された割り符の本体は、「譲渡、売買が可能な証券」として、世の中に流通しており、割り符本体の保有者は、それを提供することによって債務者とは別の第三者からモノやサービスを購入したり、第三者に対する自らの債務を弁済したり、あるいは割り符本体を貸し出すこともできた。つまり、割り符本体はさまざまな取引の決済手段、すなわち「貨幣」として機能していた。

このように、貨幣の起源を貸し借りの関係に求め、「貨幣＝支払手段として用いられる債務証書」ととらえる考え方を「信用貨幣論」というが、信用貨幣論によれば、不換紙幣であっても決済手段として通用する合理的な説明がつき、そうした債務証書としての貨幣の本質が現代にも引き継がれている、と言う。[7]

この信用貨幣論は、ブレトンウッズ体制が崩壊し、それから五〇年も経過した現在では、たいへん説得力がある。

しかし、ここで大きな問題として浮かびあがってくることは、「信用」が肥大化したことである。その様相をみる前に、通貨の機能について考察することにしたい。

1 前出『貨幣進化論「成長なき時代」の通貨システム』二〇七頁〜二〇八頁
2 衣川恵著『新訂日本のバブル』(日本経済評論社)二頁
3 同書九頁〜一〇頁
4 例えば、前出『新訂日本のバブル』、武田晴人著『新版日本経済の事件簿　開国からバブル崩壊まで』(日本経済評論社)
5 前出『貨幣論』六四頁
6 前出『MMTとは何か　日本を救う反緊縮理論』四八頁
7 同書五一頁〜五三頁

通貨の機能

通貨は、次の三つの機能があると言われている。

第一は、価値の尺度としての機能である。通貨は、財・サービスの交換価値を客観的にあらわす尺度としての働きをもっている。

第二は、交換の手段としての機能である。通貨は、財・サービスと交換することによって、取引を成立させる働きをもっている。

第三は、価値の保蔵手段としての機能である。例えば、西瓜は腐敗すれば価値が消滅するが、通貨に換えておけば、その価値を保蔵することができる。

通常言われている通貨の機能は、この三つであるが、私は、この他にあと二つ加えておきたい。

ケインズは、「貨幣はその重要な属性においては、なににもまして、現在と将来とを結ぶ巧妙な手段であって、われわれは貨幣に基づく以外には、期待の変化が現在の活動に及ぼす影響を論じ始めることすらできない」[1]と言っているが、私の言う次の二つの機能も、「現在と将来を結ぶ巧妙な手段」に関係がある。

その一つは、果実を生む機能である。貨幣を銀行に預けておけば利子を生むことは、誰でも知っている。この貨幣の機能から、膨大な金融の世界が開かれる。すなわち、貨幣の機能と金融は切っても切れない関係にあるのである。このことについて論じれば果てしのないことになるが、この機能の中枢に位置している中央銀行の役割について、次の文章を引用することは、意義のあることだと思う。
中央銀行の役割を一口で言えば、現在の貨幣価値と将来の貨幣価値を交換することです。現在の価値と将来の価値とを交換するのが金融の本質ですが、そうした交換を貨幣の世界で行うのが中央銀行の役目です。そして、中央銀行は貨幣の独占的供給者ですから、現在の貨幣と将来の貨幣の間の交換比率を操ることができます。これが中央銀行による金利のコントロールすなわち金融政策だということは理解していただけたでしょう。[2]
金融政策の目的は、時間の流れのなかで、貨幣に生じる問題を先送りしたり、あるいは先取りしたりすることです。[3]
中央銀行は無から有を生んだり、有を無に帰させたりすることができる魔法使いではないのです。中央銀行がやっているのは、時間軸の中での現在と将来の貨幣価値交換比率を動かすことでしかありません。[4]
文献には滅多に出てこない「先取り」という言葉がちょうどよいところで出現したが、貨幣のもう一つの機能は、まさに「価値を先取りする機能」である。このことについては、これまで「先取り」を論じたところを思い出していただければよいので、ここでは繰り返さないが、中央銀行が無から有を生む魔法使いではないとしても、通貨は無から有を生む魔法使いとしても働くのである。
しかし、中央銀行は、無から有を生む魔法使いでないのだろうか。中央銀行が製造コストをはるかに超える額面の紙幣を発行している事実からすると、無から有を生む魔法使いでないとはとうてい言えるものではない。しかも、この魔法を使うのは、中央銀行だけではない。

では、誰が通貨をつくるのだろうか。通貨をつくり出すときに製造者が得る発行益を「シニョレッジ」というが、歴史的には、通貨の発行は王権あるいは領主権と結びついていたのであろう。[5]しかし、現在では、王や領主はともかくとして、政府や中央銀行だけが貨幣をつくり出しているのではない。次の言葉は、まことに示唆的である。

> 本当は、何が貨幣であるかは経済の作用によって決定されるのである。そして通常、貨幣は階層構造を成しており、異なった諸目的に各々特定の貨幣手段が対応している。貨幣は単にファイナンスの過程の中から生起するというだけではない。相異なる多数の種類の貨幣が経済には存在する。つまり、誰でも貨幣を創造することができる。問題は、それを受け入れさせることである。[6]

では、ケインズが言う「現在と将来とを結ぶ巧妙な手段」とは何だろうか。そして、その手段をどのように使うのだろうか。

それは、「信用」を使うのである。「信用」とは、給付と反対給付との間に時間的な隔たりがある取引のことである。すなわち、信用を媒介にして、現在と将来を結ぶのである。ここで思い起こすことは、通貨の本質は信用にあるという前述の「信用貨幣論」である。これを掘り下げることによって、信用をどのように使って通貨を創造するのかということが明らかになる。

また、ここでもう一つ思い起こしておきたいことは、「価値の先取り」である。「先取り」ということは、論理的に「時間的に隔たりがある取引」によって起こるものである。しかも、その時間的な順序は給付と反対給付の順でなく、反対給付と給付の順になる。すなわち、信用が膨張して、この逆転的な取引がさかんになると病理現象が発生し、それが社会全体に及んで行く。

そこでまず、信用を媒介にして通貨を創造するからくりを考察し、次に先取りによる病理現象をみることにしたい。

1 前出『雇用・利子および貨幣の一般理論』二九四頁
2 前出『貨幣進化論』一五八頁
3 同書一六二頁
4 同書一六三頁
5 同書四四頁
6 ハイマン・P・ミンスキー著、吉野紀・浅田統一郎・内田和男訳『金融不安定性の経済学――歴史・理論・政策』(多賀出版)二八四頁

金融機関による通貨の創造

中央銀行を含む金融機関全体から個人、一般法人、団体などの保有主体全体に供給されている通貨

の総量を「マネーストック」という。そこで、金融機関の「信用創造」によってマネーストックが増大する仕組みをみておこう。ここで金融機関と言ったが、金融機関の代表として、これからは「銀行」と言うことにする。銀行以外の金融機関の「信用創造」の仕組みは銀行の仕組みと同じである。

　ＡがＢ銀行に一〇〇万円を預金したとする。Ｂ銀行は、そのうちの一〇万円を金庫に保管しておいて、残りの九〇万円をＣに貸し出した。このとき、世の中には、一九〇万円の通貨が存在することになる。なぜならば、Ａは一〇〇万円の預金を持っているし、Ｃは九〇万円の現金を持っているからである。すなわち、通貨量は一〇〇万円から一九〇万円に増大したことになる。これは、Ｃに対する貸し付けという信用によって、九〇万円が創造されたことに他ならない。

　このように、誰かが銀行から借金をするたびに、世の中の通貨は増えてゆく。しかし、信用創造は、管理通貨制度による制約がある。

　Ｂ銀行は、Ａの預金のうちの一〇万円を金庫に保管するのではなくて、中央銀行の当座預金に預け入れる。これが「部分準備制度」である。こうして預け入れた通貨を「預金準備」といい、預金のうち、預金準備として中央銀行に預け入れなければならない割合は「法定準備率」という。信用創造は、この法定準備率によって制約を受けることになる[1]。

　しかし、ＭＭＴは、「貸出には原材料である通貨が必要」とする商品貨幣論に立たないので、ＡがＢ銀行に現金を預け入れるところからスタートしない。すなわち、ＭＭＴでは、Ｂ銀行が通貨を保有することは前提にしない。なぜならば、銀行貸し出しを行う際に通貨は必要ないからである。先ほどの例に即して言えば、B銀行のホストコンピュータ上で管理しているCの口座に「預金九〇万円」「貸出金九〇万円」という情報を入力するだけで、Cは、九〇万円の借金を負う代わりに同額の預金を手に入れたことになる。

商品貨幣論の説明では、Aが預け入れた現金を別の顧客Cに貸し出す」となっていたが、MMTの信用貨幣論では、「B銀行が貸し出したのは現金ではなく、無から生み出した預金であり、Cは貸し出された預金と引き換えにB銀行から現金を受け取ったと考える。

もちろんCの引き出しに備えて、B銀行はある程度の現金を用意しておかなければならない。その際に、Aが預け入れた現金が役に立つこともあるだろう。しかし、それは結果としてそうなったというだけで、現金は貸し出しの際には必要なく、事後に調達することも可能である。

このように、通貨は貸し出しの原材料でも何でもなく、銀行は借り手の債務（借入金）を購入するため、通貨として機能する自らの債務証書（預金）を文字どおり無から創造している。これがMMTの見解である。[2]

確かに、金融機関の貸し出し業務を見る限り、MMTの説のとおりだと思われる。ということは、これが「信用創造」の生理現象だということになる。

しかし、信用を媒介して無から有を生むことが生理現象にとどまるのであればそれでよいのかもしれないが、信用が膨張して病理現象が発生することはないだろうか。

１　前出『ＡＩ時代の新・ベーシックインカム論』一〇八頁～一一〇頁
２　前出『ＭＭＴとは何か　日本を救う反緊縮理論』七四頁～七七頁

通貨の洪水と重圧

信用が膨張して手がつけられないような病理現象が発生することについては、「先取り」という概念を使って前に述べたとおりである。

すなわち、「価値の先取り体制のもとでは、価値が生み出された後にその分配関係が本質的矛盾となるのではなくて、生み出される前に先取りされた虚の価値が、後にいかにして実の価値として埋めつくされるかが、本質的矛盾となるのである」という私の仮説が、顕著にあらわれるのが、この病理現象に他ならない。

ありもしない将来の「虚の価値」を現在に持ってくることは、「現在と将来とを結ぶ巧妙な手段」である通貨を「先取り」の道具として使うのならば、容易にできることである。

私は序章で、サブプライム・ローンの例をあげて信用の膨張による病理現象を概観したが、電子データの上だけで通貨が創造される時代になった以上、もはや、一七世紀オランダで使われたチューリップやサブプライム・ローンなどという道具立てがなくても、容易に「先取り」が可能になった。「先取り」による病理現象については、すでに述べたのでここでは繰り返さないが、この病理現象が発生すると、通貨が洪水のようにあふれ出すことには着意しておいた方がよい。そのとき、人々や企業は、その洪水に溺れるような危険にさらされる。それは、病理現象として認識することが難しいものであるが、信用を媒介している通貨についての認識を誤れば、慢性病のような病理に苦しめられることになる。この場合でも通貨の洪水を免れることは困難だと思われる。

では、病理現象が発生しないときには、問題は起こらないのだろうか。ここで、「信用」について、考察しておかなければならない。

人々や企業が、事業を起こしたり、拡張したりするときには、信用によって資金を調達することは不可欠である。もとより、人々や企業が蓄積した資本を投下して起業や事業拡張をすることもあるが、そのようなことは例外である。多くの場合は、人々や企業は、信用によって資金を調達する。とくに、事業が大規模になり、莫大な資金を必要とするならば、信用すなわち借り入れによって資金を調達する。もとより、経済成長のエネルギーは、将来企業規模が拡大することを見込んでそれを現在に引き寄せることによって増殖するものであるから、「信用」を利用することは必然である。そのような大規模な事業でなくても、若者が街角に喫茶店を開業するとか、中小の会社が経営する居酒屋を拡張して内装を改めるなどという場合でも、その多くは、借金をして目的を達成させるのである。

しかし、信用を利用するのは、要するに借金をすることに他ならない。借金をすれば、それを返済しなければならない。順調に返済することができれば、それはそれで健全に「信用」を利用したことになる。「信用」が「価値の先取り」だとしても、先取りした価値に埋め合わせができれば、そこには病理現象が発生しない。これが、「信用」の生理現象である。

とは言え、病理現象が発生しなくても、人々や企業は、債務の返済を常に意識して活動しなければならない。債務の返済に目途がついていても、人々の日常の生活や企業の運転資金のために通貨が必要になる。すなわち、通貨を獲得することによって、人々や企業は自由になる。もともと通貨は、ヒトを自由にするための道具であったはずだが、ヒトと通貨の関係が逆転して、ヒトが通貨に支配されるようになったのである。

そうは言うものの、通貨を使ったり、パソコン端末に入力したり、カードを提示したりしてペイメントをしている限りでは、通貨に支配されているという自覚はないだろう。経済全体が「信用」を利用し、それに伴って通貨が創造されるとしても、このような状態がいつまでも続けば、何も問題はない。

しかしこれは、事業が永続することが前提になっている。仮に万一、一時的に弁済が滞っても、あらたに資金調達をするとか、業績が向上するとか、そのようなことによって、事業が継続する限り、借金の返済に迫られることはないだろう。すなわち、事業の「継続」が鍵なのである。

けれども、事業は、永久に存続することができるものだろうか。競争の激化や突発的な事故や自然災害や経済の変動などによって、事業の継続が困難になることを、私たちはすでに目撃している。

また、時間の経過とともに収益率が低下してくることは、競争の激化などがなくても常に起こることである。とくに、二〇一〇年以降は、資本の収益率が極めて低くなって、資本主義は窒息状態に陥っている。[1]

収益率が低下して、それが長く続くと、借金を返済することができなくなる。

このことは、新型コロナウイルスが蔓延した日本、あるいは世界中で、とくに顕著になってきた経済現象である。日本の場合に限定するとしても、新型コロナウイルスの感染拡大を防ぐために、営業時間の短縮などをしたことの影響によって運転資金がショートした企業はたくさんある。また、金融機関や公的資金の融資を受けた場合には、早晩返済を迫られる運命に立ち向かわざるを得ないことになる。すなわち、人々や企業の多くが、返済するあてのない借金を抱えていることになる。これは、膨大な不良債権、あるいは不良債権の予備軍があるということである。

不良債権と言えば、その最たるものが国債であろう。国債は、中央銀行が買い受けるから不良債権ではないという考えもあるだろうが、毎年の国家予算に国債費が計上されている事実からすると、国債が国の借金であることは否定できない。しかし、発行残高が一〇〇〇兆円を超える国債が、何時かは全額償還されると信じている人は皆無だろう。

このように、通貨は洪水のように溢れていても、借金も同時に溢れていて、人々や企業は通貨の重圧に苦しんでいると言うことができるだろう。

この通貨の重圧から解放される妙計はないものだろうか。

ここで、ベートーヴェンの第九交響曲で有名なシラーの頌歌『歓喜に寄す』の一節。

ベートーヴェンはこの部分に曲をつけていないが、次の二行こそ高らかに歌うべきではないだろうか。

　われらの債権簿を破棄せよ
　全世界は和解せよ！

こんな場面でコメントするのは野暮なことであると承知してはいるが、「われらの債権簿を破棄せよ」というのは、要するに徳政令の勧めである。しかし、徳政令というわけにはゆかないだろう。

とは言うものの、積み上がった「債務証書」をそのままにして、全世界が和解することはできない。これも確かであろう。つまり、世の中に溢れている「債務証書」つまり通貨を放っておいて、平穏な生活を希求することはできないということである。

それならば、通貨そのものを変える必要がある。「債務証書」としての通貨の機能を変えることによって、人々は、通貨という重荷から解放されるのではないだろうか、これが私の思考の方向である。

共存主義における通貨の在り方

拝金主義者という言葉は、かつては金銭を崇拝する人に対する蔑称であったが、好むと好まずにかかわらず、人々や企業は、獲得することが困難になった通貨を求めて活動せざるを得なくなった。そうしなければ人々は生きてゆけなくなったし、企業は存続することができなくなったのである。

二一世紀が明けて二〇年を過ぎた現在、ヒトはとうとう、こんなところにきてしまった。これがヒトの遺伝子に書き込まれている設計図なのだろうか。それとも、資本主義の到達点なのだろうか。

遺伝子に書き込まれているのは、「生きてゆく」ために、衣食住を獲得することであろうから、それができるのであれば、資本主義でなくてもよいはずである。げんに人類は資本主義でない長い歴史を持っていたのである。

とは言うものの、資本主義が終焉しても通貨は生き残るだろう。通貨は、資本主義よりも長い歴史を持っており、人類は何千年にもわたってその便利さを享受し、継承している。しかし、通貨の弊害もまた懸念されるところであったのか、ユートピアを描く小説の世界では、判で押したように通貨が使用されていない[1]。

私も、小説『蘇生』（一九九九年刊）の後半のコミュニティでは、通貨なしでスタートすることにし

1　前出『資本主義の終焉、その先の世界』一三八頁

た。[2] ユートピア小説は通貨がないということを意識していたわけではないが、通貨の弊害を排除した社会を書こうとすれば、自然にそういうことになってしまうのである。しかし、これは小説の世界のことである。

資本主義というパラダイムを転換して共存主義にシフトするとしても、通貨を使用しないわけにはゆかないだろう。私もいったん通貨なしの世界を小説に書いてみたが、そうはいくまいと長く思っていて、小説『ベーシック　命をつなぐ物語』（二〇一九年刊）では通貨を使う世界にした。[3] これから書くことは、その続きとしての通貨に関するまとめである。

共存主義にパラダイムを転換するのであれば、資本主義における通貨の在り方をそのまま引き継ぐわけにはゆかない。資本主義のもとで通貨の弊害が起こっていたのであるから、その弊害は排除しなければならないからである。

それはすなわち、通貨の重荷をおろして、人々や企業が通貨の桎梏から解放されることであって、これは、共存主義にパラダイムシフトをはかる目的の一つである。

通貨を存続させながら、通貨の桎梏から解放される――これは、単純に考えれば矛盾のように思われる。しかし、矛盾であるかどうかはともかくとして、とにかく難しい道を探索しなければならない。

つまりこれは、共存主義における通貨の在り方はどうあるべきか、という問題に他ならない。それは、とりもなおさず、通貨の機能を点検することである。

私は、本章において、通貨には、通常言われている、①価値の尺度としての機能、②交換の手段としての機能、③価値の保蔵手段としての機能の三つの機能の外に、④果実を生む機能、⑤価値を先取りする機能の二つの機能をあげた。この五つの機能は、共存主義においては、どのように変えるかということであるが、その一つひとつについて、点検しておきたい。

まず、価値の尺度に関する機能であるが、これは残すことになる。問題はモノ、サービスを測る方法であるが、価値を労働時間で測るのか、労働の質で測るのか、商品の希少性で測るのか、という難問がある。市場が健全に機能するのであれば、需要と供給の関係で決まるとしてもよいのだろうが、共存主義における市場の在り方も、先物取引を禁止するなどの規制が必要である。そのような市場の在り方を変更する前提で、しばらく需給関係で決まることにしてスタートを切ってもよいのではないかと思う。

次に、交換の手段としての機能は、そのまま残すことにする。これが最も重要な通貨の機能であると私は思っている。私は、岩井克人の「貨幣が貨幣であるのはそれが貨幣であるからなのである」という説は、無意味な説だと思っていない。これはトートロジー（同義語反復）に相違ないが、あらゆる真実はトートロジーである。この言葉で最初に思い浮かぶことは、取引の相手が通貨を受け取る姿である。交換の手段としての機能が、通貨の最も根幹的な機能だと思う。

そして、価値の保蔵手段としての機能であるが、共存主義のもとでは、この機能は縮小されることになるだろう。共存主義のもとでは、財を蓄積する重要性が低下してゆくことになる。これは、共存主義の経済システムの中で、ストックをどのように扱うかという問題と関連性がある。これも重要な課題であり、共存主義における株式会社の在り方などにも関連するので、後に検討することにしたい。

さて、果実を生む機能であるが、これは、共存主義のもとでは、漸次縮小し、やがてはゼロにすべきである。先進諸国が低金利・ゼロ金利政策を導入したり、株式会社の利益率が減少したりしているのであるから、現在の資本主義のもとでも、通貨の果実を生む機能はずいぶん衰えている。しかし、この問題もストックや株式会社の在り方にも関連している難題である。

さらに、価値を先取りする機能であるが、これは、完全に排斥しなければならない。すなわち、債務証書としての通貨の本質を変えて、金融機関に通貨を創造させないようにする。これが、共存主義における通貨の在り方の中心課題である。

共存主義のシステムは、マネーゲームとは相容れない。したがって、通貨の価値を先取りする機能を排斥するのは当然のことである。

具体的な施策としては、外国為替取引は、実体経済の裏づけがある実需原則を厳守することが必要になる。これは変動為替制に移行する前のルールであったが、外国為替の予約取引には、輸出や輸入などの実体経済の裏づけを証明することを義務づけることになる。したがって、単なる通貨の売買は認めないから、通貨の投機取引はできなくなる。ベーシック・インカムを導入するほどの信認という裏づけが必要なのだから、実体のない通貨の流通は認められない。

また、金融機関による信用創造は禁止される。つまり、部分準備制度を廃止して一〇〇パーセント準備制度にすることが望まれる。また、金融商品の投機的取引も先物取引も禁止ということになるだろう。政府だけが通貨を発行することができるというのが、信認のキモである。国が発行する通貨そのものがベーシック・インカムの財源である以上、これは当然のこととされるだろう。したがって、銀行業務、証券業務は大幅に縮小されることになる。

一〇〇パーセント準備制度を提唱する井上智洋は、「これから景気が過熱する度に法定準備率を引き上げて、徐々に一〇〇%に近づけていくべきであろう」[4]と言うが、共存主義にパラダイムシフトされたときには、ただちに一〇〇パーセント準備制度に踏み切るべきである。

1 トマス・モア著、澤田昭夫訳『改訂ユートピア』（中公文庫）、エドワード・ベラミー著、山本政喜訳『顧みれば』（岩波文庫）、ウィリアム・モリス著、松村達雄訳『ユートピアだより』（岩波文庫）
2 廣田尚久『蘇生』（毎日新聞社）二九八頁～三〇〇頁
3 廣田尚久『ベーシック　命をつなぐ物語』（河出書房新社）
4 前出『AI時代の新・ベーシックインカム論』二一九頁

通貨の信認

共存主義のもとでの通貨は、以上に述べた通りであるが、問題は、その通貨が遍く社会で信認を受けることができるかどうかである。信認とは、信頼して認めるという意味であるから、通貨を発行し続けるだけでなく、信認を受け続けることができるかどうか、これが共存主義における最重要課題の一つである。しかし、信認すると言っても、何を信認するのだろうか。何を信じるのだろうか。

通貨を受け取る、通貨を持っている、ということは、これから先も通貨が通貨であると信じていなければそんなことはできない。お札が通貨でなくなれば、絵と字が書いてあるだけの紙切れになってしまうし、電磁的に書きこまれた電子マネーは単なる記号だけになってしまう。つまり、人々がこれからもずっと通貨であり続けると信じるから、通貨は通貨であり続けることができるわけである。したがって、通用している通貨が未来永劫に通貨であり続けるためには、それだけの手当てが必要なのである。

通貨を国が発行するとした場合、信認の担保は何かと問われれば、それはその国の国力であるという答えになる。そして、その国力を測る目安は、経済力もあれば政治力もあれば文化力もあれば民度もあり、その総合を国力と言ってよいと思う。つまり、通貨の流通の安定度は、その通貨を発行する主体の在り方によるのである。したがって、通貨の信認という要請からしても、共存主義のもとでどのような社会を構築するかが大きな課題になる。

このようなことを言うと、円が流通している日本では、思い当たることがある人は少ないだろう。そこで、余談にはなるが、私の幼少のときの体験を披露させていただきたい。

私は、七歳のときに平壌（ピョンヤン）で終戦の日を迎えた。一九四五年八月一五日のことである。その日から平壌の日本人社会は混乱に陥り、子どもながらに惨憺たる思いで暮らしていたが、ここでは通貨のことに的をしぼろう。平壌ではそれまでの日本の貨幣が流通していたが、やがて北朝鮮の革命政府が発行したのか、いかにも安っぽい紙幣が流通しはじめた。子どものおやつのヒマワリの種（これは貴重な栄養源だった）などは、その紙幣で買うことができたが、その紙幣では買うことができないものがあり、また、希少なものは日本の貨幣でなければ買うことができなかった。したがって、私の両親は、日本の貨幣は使わずにとっておいて、できるだけ北朝鮮の新札を使って暮らしていた。

いよいよ平壌を脱出する前の日、母は、塩水でもんだ日本の紙幣を晒に入れて、「塩水でもむとかさ張らないし、音がしないから」などと言いながら腹巻をつくった。そして、私を立たせ両腕を横にあげさせて、シャツをまくり上げ、パンツを少し下げて、「窮屈だけど我慢してね」と言いながら、私の腹にその晒の腹巻を巻き、「小さな子どもが一番安全だからね。お願いね」とさかんに弁解などをした。母が引き揚げ途中の略奪に備えていることは、子どもの私にもよく分かった。そして、南に行けば北朝鮮の新札が使えないことも分かっていた。

夜明け前の寒い朝にトラックの荷台に乗って平壌を脱出し、三八度線を徒歩で越えて開城（ケソン・当時は南側だった）のキャンプにたどりついて、それからやっと日本に到着したときには、すでに夏になっていた。私は、ぐっしょりと汗にぬれた腹巻がいつも気になっていたが、私の責任だと自覚していたので、腹巻をずっと腹に巻いたまま日本に帰ってきた。その間、腹巻のお札が使われることはなかった。母の大伯父の京都の家で腹巻が解かれたときには、私の腹の皮膚は、ひどい汗疹でグシャグシャにただれていた。その汗疹の痕は、それから一〇年ほど私の腹に残っていた。しかし、ハイパー・インフレーションに襲われていた日本では、私の腹に巻かれてクシャクシャになっていた紙幣では、たいしたものは買えなかっただろう。

長々と私の体験を書いてしまったが、書きはじめたら、途中で止めることができなくなってしまった。ただ、こんなことは起こらないだろうと思わない方がよい。書きながら気づいたことだが、通貨とは本来こういうものなのである。すなわち、通貨を発行する主体が崩れれば、通貨も信認を失って崩壊する。

そこで、通貨の信認であるが、私は、米国が基軸通貨のドルを支えているのは、経済力だけでなく軍事力もポイントだと思っている。しかし、共存主義は、軍事力とか、戦争とかとは相容れない。したがって、軍事力を凌駕するほどの信認を得る社会を構築することが課題になるのである。

第六章　ストックと株式会社

ここまでは主としてフローについて考察をすすめてきたが、本章では、ストックに目を向けることとし、あわせて、共存主義における株式会社の在り方についての方向性を示すことにする。

貴重なストック

信用によって通貨が創造されたり、大量の国債が発行されたりして、不良債権が積み重なってゆくのではないかと懸念されるところであるが、これは、フローのことであって、ストックの観点からみると、経済はどのようにとらえるべきだろうか。ここで、日本のストックについて概観しておこう。

内閣府が発表している国民経済計算年次推計などによると、家計及び企業のストックの推計は、次頁の**表1**のとおりである。

これによると、個人企業を含む家計の正味資産の総額は、一九九四年（平成六年）以降二〇二〇年（令和二年）まで、一二六〇〇兆円前後で推移している。また、企業の正味資産は、一九九四年以降増

〔表1〕家計及び企業のストック推計

年	家計	企業
1994	2, 485	587
1999	2, 593	397
2004	2, 402	490
2009	2, 373	712
2014	2, 529	692
2015	2, 553	683
2016	2, 568	738
2017	2, 646	685
2018	2, 617	799
2019	2, 681	792
2020	2, 713	772

※単位兆円、小数点以下四捨五入
※家計は個人企業を含む正味資産
※企業は非金融法人企業と金融機関の正味資産の合計額

〔表2〕社会資本ストック推計

年	
1953	45
1958	55
1963	74
1968	109
1973	174
1978	258
1983	355
1988	456
1993	583
1998	729
2003	846
2008	906
2013	945
2014	953

※単位兆円、小数点以下四捨五入
※これは粗資本ストックであり、現存する固定資産について、評価時点で新品として調達する価格で評価した値

加し、二〇〇九年（平成二一年）には七〇〇兆円に達した。[1]

　これに対し、社会資本ストックについては、長いタイムスパンをとると、表2のとおりとなる。

　この社会資本のうちの約三五パーセントが道路であり、その他は多い順に下水道、治水、農業、学校施設、水道、公共賃貸住宅、港湾、庁舎、社会教育、廃棄物処理、都市公園、治山、漁業、林業、地下鉄、鉄道・運輸機構、国有林、海岸、航空、工業用水、郵便である。[2]

　これによると、社会資本のス

トックは、一九五三年（昭和二八年）以降、急激に上昇していることが分かる。

前章の終わりに私が平壌（ピョンヤン）から引き揚げてきたときの体験を書いたが、もう少し続きを述べさせていただきたい。京都から東京に着いて驚いたことは、見渡す限りの焼け野原だった。平壌には空襲がなかったので、焼け野原の光景は見たことがなく、子どもながらにどうなってしまうのだろうと心を痛めた。

今、東京の山手線に乗ると、窓から見える風景は高層建造物の連続である。この風景をどのように見るかは、人それぞれだろう。都会に自然がなくなったと嘆く人もいるだろうが、事実としては、日本の国土の上に、いや地下も含めて、社会資本がビッシリと乗せられたのである。

このストックは貴重である。私は、このような状態をつくづく有難いと思う。そして、このストックは、資本主義の成果物であることを率直に認めざるを得ない。

1　内閣府国民経済計算年次推計二〇二〇年度（令和二年度）ストック編

2　内閣府社会資本ストック推計二〇一九年（平成三〇年）

ストックから見えてくる共存主義の課題

私が生れたときには、すでに日中戦争がはじまっており、三年後には太平洋戦争開戦、七歳で終戦、八歳で引き揚げという経験がある。この経験が脳に刻印されているので、何を見聞しても戦争と対比する癖がある。私が車窓から東京の高層建造物が並び立つのを見て有難いと思うことは、終戦から三四半世紀を経た今日まで、日本の中で戦争がなかったことの反映である。そして、少なくとも東京では物理的な破壊がなかった。これが、ストックがこのような状態で残されている理由であると思う。

しかし、東京を離れると、自然災害にはしばしば襲われている。台風や大雨による洪水、土砂崩れは毎年のように起こっているし、一九九五年（平成七年）一月の阪神淡路大震災、二〇一一年（平成二三年）三月の東日本大震災では、多くの犠牲者を出すと同時に、多大な「ストック」が破壊された。

また、視野を世界に転じると、戦争によって世界遺産が破壊されるなどの惨事が延々と続いている。これについては、言い出すときりがないのでここで止めておくが、人類はそれまでに築きあげてきたストックを破壊する歴史をもっており、衝動や思想や戦争によってストックが破壊される危険にさらされていることを頭に置いておく必要がある。

ところで、ストックという言葉を使えば、資本主義のもとでは、ストックは、それ自体が資本であり、また、資本がつくったものだということになるだろう。すなわち、資本が自然物を加工してつくりあげた人工物だというニュアンスが強い。しかし、はたしてそうだろうか。ストックは、知恵や労働の集積であるとともに、人々に福利をもたらす元手なのではないだろうか。

人々が享受しているのは、ここで概観したストックだけではない。それ以外にも、ヒトが手を加えていない自然もある。そして、通貨で評価できない水や空気や太陽光などがある。さらに、人間の知恵や情報もある。これらは、既知のものだけでなく、未知のものもある。

私は、これまで築きあげてきたストックは貴重なものであり、資本主義のパラダイムを転換して共存主義にシフトしても、このストックは大切にしなければならないと思っている。

もとより、ここで表1、表2で概観したストックは、通貨で表現した総数に過ぎないものであって、現実には、一つひとつの道路なり、橋なり、ビルなり、ダムなり、工場なり、住宅なりの姿をしている。したがって、共存主義のもとでは、これらのストックをていねいに点検することが課題になる。例えば、工場ひとつをとってみても、フル稼働をしている機械工場がある一方で、過剰生産で不要になる圧延工場もあるだろう。

それだけでなく、共存主義の大きな課題は、通貨では評価することができない自然災害に対する対応がある。例えば、東日本大震災では、津波に襲われて東京電力福島第一原子力発電所で炉心溶融（メルトダウン）が発生し放射性物質が漏洩した。共存主義が原子力発電所というストックを引き継ぐとしても、それをどのように扱うかは大きな問題である。共存主義のもとでは、収益などに関する扱いが変るので、それに伴って、原子力政策は変更することになる。

また、前に水、空気、太陽光線に言及したが、資本主義のもとであくなき経済成長を追求した結果、水、空気、太陽光線も大きな障害を抱えてしまった。これについても言い出せばきりがないが、水については海中のプラスチックごみ、空気については地球温暖化、太陽光線についてはオゾン層の破壊をあげるだけで、資本主義はもうもたないことが分かるだろう。

資本主義では器が小さ過ぎるのである。ストックについて概観するだけで、器を共存主義に広げる必要があることは分かるだろう。そして、ここに共存主義の課題が浮かび上がってくるのである。

株式会社の構造

ここまで、ストックとフローという言葉を使ってきたが、ここで言葉の意味を整理しておこう。

ストック（Stock）とは、蓄え、存在量、貯蔵の意味で、ある一定時点で保有している財貨の量を指す。

また、フロー（Flow）とは、一定期間内に流通していた財貨の量を指す。

ストックには、もう一つ、株式、すなわち「株」という意味がある。ここでは、株式、株を所有する株主のことを考察するとともに、蓄え、存在量、貯蔵を所有する株式会社のことも考察するので、前者を「株式」、後者を「ストック」と言うことにする。

これから株式会社を考察することになるが、まずは、株式会社の構造をみておくことにしたい。

株式会社の構造は、たいへん複雑であるが、ここで会社法を逐条的に解説するわけにはゆかないので、株式会社の特質を概括的にとらえ、そのあとで、株式会社の所有関係と株主構成に的をしぼって考察することにしたい。

株式会社の特質は、次の五つであると言われている。

第一に、法人格があり、権利、義務の主体となる権利能力を持っていることである。したがって、株式会社は、自己の名において事業を行い、財産を取得し、処分することができる。そして、契約を締結し、貸し借りができる。

第二に、株主の有限責任である。株主の責任は、株式を引き受けて出資を履行したことで完結し、株式会社の債権者に対して責任を負わない。この株主の有限責任によって、株主の財産を株式会社の債権者から守ることができるので、株式会社に参画しやすくなる。

第三に、株主は、その所有する株式を自由に譲渡することができる。したがって、株主は、いつでも株式を譲渡して株式会社との関係から離脱することができる。この株式の自由譲渡性によって、相互に信頼関係がなくても、広く資本を集めることができる。

第四に、所有と経営の分離という特質がある。株主は、直接経営を行わず、取締役会などの経営者が経営する。これは、株式会社が大規模化し、多くの株主から資金を集める結果であるが、所有と経営を分離することによって、株式会社の運営が可能になる。

第五に、株主による所有である。最終的には株主が株式会社を所有するのであり、株主は、株主総会において重要な事項について議決権を有し、利益配当を受ける権利がある。

この株式会社の構造は、資本主義に非常に親和的である。ヒトが株式会社という仕組みをつくったことが、資本主義を発展させたのだといってよいだろう。すなわち、株式会社が資本主義を牽引してきたのである。と言うよりも、株式会社が資本を集めるのであるから、資本主義そのものだと言うべきだろう。

しかし、株式会社でなくても、事業資金を集める方法はある。株式会社が上記の五つの特質を備えたのは、一八世紀の末から一九世紀はじめまで待たなければならなかった。[1] すなわち、株式会社の構造が現在の姿になってから、たかだか二〇〇年しか経過していないのである。

とは言え、歴史の長短はともかくとして、株式会社のどこかに病理現象が発生していないだろうか。

1　水野和夫『株式会社の終焉』（ディスカバー）八八頁

株式会社による「先取り」

第二の株主の有限責任と第四の所有と経営の分離という特質は、一歩誤れば無責任の体系に変貌する。株主は配当を期待し、経営者は利益を追求する。株式会社は、このエンジンがかかり続ける組織であるが、エンジンが動かなくなりかけると、株式会社はどのような動きをするのだろうか。

多くの場合は、しばし休もう、あるいは事業から撤退しようとはならなくて、信用を膨張させるのである。

まずは借り入れを起こして資金調達する。しかし、株式会社は、もっと特殊な方法で資金を調達する。もとより、株式会社の資金調達の方法は、借り入れの外に増資による新株の発行、社債の発行などがあるが、いずれも「信用」がなければ資金は集まらない。そこで、「信用」を大きく見せるために、「先取り」をするのである。

株式会社の「先取り」にはさまざまな方法があるが、最も代表的なやり方は、企業活動の結果として利益が出る前に、利益を先行させて計上することである。つまり、利益が出ても出なくても、予定した利益を先に計上してしまうのである。それが極端になると粉飾決算と言われるものになるが、それは一九六五年に倒産した山陽特殊鋼をはじめ、二〇〇五年以降に上場廃止された大規模粉飾だけでも、二〇〇五年のカネボウ、二〇〇六年のライブドア、二〇〇八年のニイウスコー、二〇一一年のオリンパス、二〇一五年の東芝と続いている。

日本だけでなく、この粉飾決算は世界中に蔓延している。総合エネルギー取引とITビジネスを目的としたエンロン（本社米テキサス州）は、負債総額四〇〇億ドルといわれる粉飾決算の結果、二〇〇一年に破綻した。エンロンが破綻した後、米国の大企業で次々に粉飾決算が発覚し、二〇〇二年にはワールドコムの不正経理が明らかになって倒産した。そして、米国経済は混乱に陥り、世界経済にも大きな影響を及ぼした。

その他粉飾決算といわれる「先取り」によって破綻した例は枚挙に暇がないが、一つあげると、インドのＩＴ大手サティヤム・コンピュータ・サービスの例がある。二〇〇九年には同社のラマリンガ・ラジュ会長が巨額の粉飾決算で逮捕された。同社はその数年前から売り上げや利益を水増ししていたが、帳簿上の現預金の九四％にあたる五〇四億ルピー（約九六〇億円）は架空であり、その影響でムンバイ証券取引所の株価指数が一六％下落するなど、市場に動揺が広がった。[1]

これらは、利益を生む前に、将来の利益を過大に見積もって先に計上するという「先取り」に他ならない。粉飾決算は表にあらわれる極端な例であるが、粉飾決算という非難の標的にされるものでなくても、利益を生む前に先に計上するという「先取り」は、企業の中で日常的に行われていると言ってよいだろう。

私はそのことを、「利益計上の先行性」という言葉で表現しているが、高度経済成長期の大手メーカーの株式配当率を調べてみると、ほとんどの企業の配当率が、毎期同じであった。しかも、業界ごとに、鉄鋼は一〇％、化学は一〇％、造船は一二％、電力は一〇％と、ほぼ一定であった。株式配当率は、その期の利益から割り出されてくるものであるから、いつも、どの企業も、業績が一定であることは、あり得ないことではないだろうか。それなのに、こんなに揃っているということは、先に株式配当率を決めておいて、あとから何らかの方法で辻褄を合せているに違いない。[2] これが高度経済成長の原動力だったのである。

その無理が露呈された株式会社が、先ほどの粉飾決算による破綻ということになる。しかし、業界ごとに足並みを揃えて利益を計上することは、トヨタ自動車をはじめとする大企業が軒並み赤字決算を発表していた二〇〇九年二月頃の状況を見ると、違和感を持つ人が多いだろう。確かに時代の流れによって変化したところはあるが、「利益計上の先行性」は、高度経済成長期における「価値の先取り」の典型的な形態なのであって、これが後に金融操作による価値の先取りなどに形態を変えてゆくのである。すなわち、「価値の先取り」という点では、後の金融操作によるものと根っこは同じである。また、形態としては主流の地位を他に譲るものの、「利益計上の先行性」による価値の先取りは現在でも行われていることは、大小の粉飾決算による事件が絶えないことから明らかである。

しかし、「利益計上の先行性」の「罪」の方を見るだけでなく、「功」の方も見なければ配慮を欠くことになるだろう。そこで、「利益計上の先行性」の「功」の面を見ておこう。

もともと経済成長のエネルギーは、将来企業規模が拡大することを見込んで将来の利益を現在に引き寄せることによって増殖するものであるから、株式会社が利益を先行的に計上することは必然である。現実に「利益計上の先行性」によって株式会社は信用を獲得して設備投資をし、さらに技術革新をはかって人々に多くの富や生活上の便利をもたらしたことは、事実としてまず認めなければならない。多くの人々が高度成長の恩恵を享受した事実に目を瞑るようでは、かえってその弊害を語る資格はないと私は考えている。さらに、不況期になっても、多くの株式会社は頑張って利益を計上してきた。そのときに、それぞれ工夫をこらし、合理化や新規事業の開発などに努力を重ねて、苦境を乗り切ってきた事実を考えれば、「利益計上の先行性」によって信用をつなぐという積極的な面は評価しなければならない。したがって私は、「利益計上の先行性」という株式会社の性向を非難の対象として論じているのではない。そのプラスの面もマイナスの面も含めて、事実として認識の対象に入れておこうと言いたいのである。

しかし、株式会社が巨大な設備をつくってしまったらそれを稼動させなければ経済は循環しなくなる。高度経済成長が終焉し、それから三〇年も経て、さらに新型コロナウイルスによって経済が停滞しているとき、利益計上の先行性を続けていると「先取り」の大きな車輪が回りだして、経済全体が誤った方向に動き出すようになる。

共存主義のもとでは、株式会社の「先取り」をそのままにしてよいということにはならない。すなわち、「先取り」が株式会社の本質的な現象としてあらわれるのであれば、株式会社の在り方そのものを変える必要がある。

1　二〇〇九年二月七日朝日新聞

2　廣田尚久『先取り経済　先取り社会　バブルの読み方・経済の見方』（弓立社）七〇頁〜七九頁

利潤率の低下とゼロ配当

　マルクスは、資本主義経済の法則の一つに「利潤率の傾向的低下の法則」をあげている。これは、資本家が剰余価値を不変資本により多く振り分けると、資本の有機的構成が高度化し、総資本に対する利潤率は必然的に低下するという法則である（資本論第三巻第三編）。

　この法則が妥当するかどうかについては意見が分かれるところであるが、実証的にはどうであろうかということになると、一九七〇年代から、各国は、資本は利潤率の低下の危機に苦しんでいた[1]。データを収集して詳細に分析しなければ分からないが、個々の商品をとってみれば、時間の経過とともに陳腐化したり、競争商品が出現したりして、利潤率が低下することが普通であろう。マクロ的な統計における利潤率は、個々の商品の利潤率を反映したものであるはずであるから、利潤率の傾向的低下は避けられないものと思われる。

「よりゆっくり、より近く、より寛容に」を提唱する水野和夫は、初期時点でマクロ経済がゼロ成長ならその内訳である企業利潤、雇用者報酬、減価償却費を前年と同額とし、第一段階で労働と資本の分配を見直すことによって企業利潤を前年比マイナスとし、第二段階で過剰な内部留保金を減らして再分配することによって[2]、現金配当をやめることを主張している[3]。

ここまでくると、もはや株式会社は、体をなさなくなるだろう。現金配当をしない株式会社は、いったいどのような存在理由があるのだろうか。

しかし、株式会社の在り方にメスを入れている論者は、ずっと以前からいるのである。ここでは、ガルブレイスの『不確実性の時代』（ＴＢＳブリタニカ・一九七八年）を引用しておこう。

現代の巨大な法人企業の株主は、権力もなく、なんらの機能ももたない。彼（または彼女）は、陳腐化してもいる。次に考えうる発展傾向としては、このような機能を失った株主には債券で支払って用済みとし、配当や資金差益を一般公衆に還元するようにすることであろう。それは社会主義である。巨大法人企業は、それが発展するにつれて、所有者から、また資本家から、権力を奪う。それは社会主義だと誰もが言うかもしれぬ。まさにそのとおりである。しかし、それは事実が先行した社会主義めったに言われないことであるが、現代の法人企業の最も根深い趨勢は、それ自体を社会主義化するという点にある。[4]

この中の「株主には債券で支払って用済みとし」という部分は、株式の清算方法を示唆していることであって、まことに興味深い。そして、何よりも興味深いことは、株式会社の終焉が社会主義を展望していることである。

私は、社会主義ではなく、共存主義を展望しているのであるが、それについては、後に述べることにする。

1　マルクス・ガブリエル、マイケル・ハート、ポール・メイソン、斎藤幸平著『資本主義の終わりか、人間の終焉か？　未来への大分岐』（集英社新書）二二頁
2　前出『株式会社の終焉』二〇四頁～二〇六頁
3　同書二一四頁
4　ジョン・K・ガルブレイス著、都留重人監訳『不確実性の時代』（TBSブリタニカ）三七五頁～三七六頁

上場会社の株主構成

少し先走ってしまったので、株式会社のストックの考察に戻ろう。

株式会社が所有しているストックは、複式簿記では貸借対照表を見れば分かるが、その株式会社を所有しているのは株主である。

では、株式会社の株主構成はどのようになっているのだろうか。それは、株式会社それぞれで異なるが、全体としては、次頁の**表3**の「投資部門別株式保有比率の推移」のとおりである。

この**表3**により、一九七〇年（昭和四五年）と二〇二〇年（令和二年）とを比較すれば、個人・その他が三七・七％から一六・八％に減少しているのに対し、外国法人等が四・九％から三〇・二％に増加していることが分かる。

これは、一九七一年のニクソン・ショック、一九七三年の変動相場制への移行が影響していることをあらわしている。やや短絡的な言い方になるが、外国資本が日本の株式会社の約三割を所有してい

〔表3〕投資部門別株式保有比率の推移（%）

	1970年	2003年	2020年
政府・地方公共団体	0.6	0.2	0.1
金融機関	31.6	34.5	29.9
（a都銀・地銀等）	(15.8)	(5.9)	(2.7)
（b信託銀行）	–	(19.6)	(22.5)
（c生命保険会社）	(10.0)	(5.7)	(3.1)
（d損害保険会社）	(3.7)	(2.4)	(0.9)
（eその他の金融機関）	(2.1)	(0.9)	(0.7)
証券会社	1.3	1.2	2.5
事業法人等	23.9	21.8	20.4
外国法人等	4.9	21.8	30.2
個人・その他	37.7	20.5	16.8

※1970年の信託銀行は、都銀、地銀等に含まれる。

るのであるから、産業部門のストックの約三割が外国資本のものだということになる。しかし、これは、日本だけに起こっている現象ではない。資本主義のもとで自由化やグローバル化がすすめば、株式会社の所有の姿は、こういうことになると思ってよいだろう。

私は、そのことが望ましいとか、望ましくないとかと論じる気持ちはない。問題は、資本主義のパラダイムを転換するとき、株式会社の所有関係も変更しなければならないということである。

そこで、もう少し、この株主構成について突っ込んで考察しておこう。この**表3**によれば、二〇二〇年の政府・地方公共団体の株式保有比率は〇・一パーセントであるが、これは統計上このようにあらわれているだけであって、朝日新聞の一面トップには、「年金資産を運用する国の独立行政法人と日本銀行が、東証一部企業の八割にあたる約一八三〇社で事実上の大株主になっている」との報道がなされた。

この記事は、あるいは株式会社の今後の在り方を示唆しているとも考えられるので、やや長くなるが、引用させていただくことにする。

年金積立金管理運用独立行政法人（ＧＰＩＦ）と日銀の３月末の保有分を、東京商工リサーチとニッセイ基礎研究所の井出真吾氏の協力を得て朝日新聞が推計した。ＧＰＩＦと日銀は信託銀行などを通じ、日経平均やＴＯＰＩＸ（東証株価指数）などの指標に連動した金融商品を買っている。こうした指標に含まれる銘柄の株主名簿に名前は出ないが、間接保有している。

大量保有を報告する基準の５％以上を大株主としてみると、東証１部２１６６社（３月末時点）のうち約１８３０社で公的マネーが大株主になった。両者の間接保有分が10％以上も約６３０社。最も高いのは半導体大手アドバンテストの29・０％で、20％超も28社にのぼる。保有額全体ではＧＰＩＦ36兆円、日銀31兆円と計67兆円分。東証全体の時価総額の12％を占める。

２０１６年３月末での同様の調査では、両者が５％以上持つ企業は約９８０社で、４年でほぼ倍増。当時は時価総額全体の８％の約40兆円分だった。今年３月末では67兆に膨らみ、公的マネーが株式市場でより巨大化した姿が調査でわかった。ＧＰＩＦのような年金資産の運用機関が株を買うのは海外でも一般的だが、中央銀行による購入は国際的に異例の対応だ。日銀は10年12月から、幅広い銘柄を組み合わせた金融商品「上場投資信託（ETF）」を買い始めた。13年3月の黒田東彦総裁就任後に大きく拡大。GPIFも14年から、国内株での運用比率を上げている。

GPIFの株購入は、年金資金をより増やすためだが、日銀はお金を市場へ流す金融政策として実施している。コロナ禍で株価が急落し、今年3月にはETF買い入れを最大年12兆円へ倍増すると決めた。

日銀の保有株は急増し、今年中にもGPIFを抜き、日本の株式市場の事実上最大の株主となる見通し。公的マネーは東証1部の企業全体など幅広い銘柄に投じられるため、業績とは関係なくどの企業も一様に上がり、株価全体を底上げする。こうしたひずみは経営者の規律を失わせるなど弊害も生む。[1]

日銀が通貨を市場に流すために株を購入したり、業績に関係なく株価が上昇したりすることに問題があることは確かだろう。

しかし、私がここで注目していることは、日銀が日本の株式市場の事実上の最大の株主になることである。GPIFを含めると、公的マネーが株式会社を所有する道を歩んでいるのではないだろうか。

株式会社がゼロ配当に向かってゆけば、外国法人や個人の株式は、やがてシェアを下げてゆくだろう。そうなれば、ガルブレイスの言うように株主に債券で支払わなくても、外国法人や個人が撤退して、株式会社が公的な存在になることはあり得るのではないだろうか。

本来の意図するところとは別ではあるが、日銀が事実上の最大の株主であるということは、これからの方向性と言うか、可能性と言うか、そうしたものを示唆していると思われる。

1　二〇二〇年一〇月二三日朝日新聞

株式会社から法人格を有する結社に

第二章では共存主義の基礎としての共存的所有について論じたが、これに関連して、共存主義における株式会社の在り方について考察をすすめよう。

公的マネーが株主構成の中で大きなシェアを占めるようになると、株式会社に制約を加えるだけでは中途半端であって、株式会社の所有形態だけでなく、株式会社そのものを別のものに変えてしまうことが可能であり、また、必要であることが見えてきた。

資本主義は、経済成長ができなくなると成り立たなくなるパラダイムであるが、共存主義は、経済成長を目指すものではない。経済成長によって資本が集中し、格差が拡大化して多くの人々を社会から振り落としてしまうのならば、むしろ経済成長を目指さないで共存して生きてゆこうというのが共存主義であるから、モノを生産したり、サービスを提供したりするのは、何も株式会社でなくてもよいのである。

経済成長を目指さないということは、利潤を目的としないということになる。

ここで、公的マネーが株式を所有するようになったことが、大きなヒントになる。その公的マネーが株式の全部を占めれば、国などがすべての株式を所有するのであるから、その時点での株主は、国とか地方自治体とかＧＰＩＦのような公共団体になる。そうなったら、株主という概念も必要でなくなるだろう。ここで投入される公的マネーは、国または中央銀行が発行する通貨である。

こうして株式会社は、営利団体でなくなり、ヒトとモノが集まる結社になる道が開かれてくる。その結社は、社団法人と財団法人が結合した団体とイメージすればよいと思う。譬えて言うならば、独立行政法人や学校法人のようなものと考えればよいだろう。話を進めるための便宜として、株式会社が変化した別のものを仮に「新結社」と言うことにしよう。

ところで、株式会社が新結社に変るとした場合に、独立行政法人や学校法人などとは異なる特徴もある。ここでは、その異同について考察することによって、新結社の在り方を概観しておきたい。その最も共通する特徴は、法人格を有することである。したがって、法人としての組織があり、その組織としての機関が必要になる。

機関として必要なものは、法人の意思決定をする決議機関と決議した事項を執行する執行機関と職務執行を監査する監査機関が必要である。それらの機関は、新結社の特徴に応じて、多様性があってもよいと思われるが、多くの新結社の組織として考えられるのは、意思決定機関としては評議会・理事会、執行機関としては代表理事・事務局、監査機関としては監事ということになるだろう。

ここで大切なことは、組織の構造と意思決定の方法である。組織の構造としては、のちに行政の在り方で述べるように、代表理事を頂点とするピラミッド型の階級組織ではなく、できるだけフラットにすること。そして、意思決定の方法としては、後に入会団体で述べるように、構成員の意思を反映させること。以上がポイントである。そして、この新結社の意思決定機関と執行機関が、新結社を動かすエンジンであり、また、共存主義の経済を牽引する原動力である。

ここまでは、大まかに言えば「同」の部分である。この特徴からすれば、新結社は法人格を有する結社であると言ってよいだろう。

そこで「異」の部分になるが、新結社は、利潤を目標にする営利団体ではないが、モノを生産し、サービスを提供する企業体である。ここが独立行政法人や学校法人と最も異なる特徴である。

したがって、名称は変わるだろうが、複式簿記を用いて、フローをあらわす損益計算書とストックをあらわす貸借対照表に類似する財務諸表が必要となる。しかし、前者の中の利益の項目はなくなる。また、後者の「資本金」の項目は「基本金」に変わることになる。

新結社のフローにおいて収支が黒字になったときは、配当をしないから利益を計上することもない。その黒字を次期に繰り越してもよいが、基本金に繰り入れることもできる。そして、その黒字を使って、新技術を開発したり、設備投資をしたりすることも可能になる。

しかし、資金がショートしたり、業務を拡張したりするために、資金を調達する必要もあるだろう。そのために、どうしても借り入れが必要になることがある。けれども、共存主義のもとでは、金融機関が信用創造をすることが原則としてできないのであるから、金融機関から融資を受ける道は狭くなっている。そういうときには、国あるいは共同体の公的マネーから融資を受けることが考えられる。したがって、共存主義のもとでは、公的マネーを使用する機関の制度設計が重要な課題になる。しかし、ＭＭＴを採用すれば、国の通貨発行は潤沢であるから、ハイパー・インフレーションに対する備えさえすれば、経済が循環しないことを心配する必要はない。

なお、付言すれば、利益という概念がなくなるのであるから、新結社は、株式会社がしていた「利益計上の先行性」のような「先取り」はしないことになる。このことをとってみるだけで、新結社は株式会社よりもはるかに健全であることが分かるであろう。この「先取り」に限らず、企業体が利益概念に振り回わされることがなくなるので、人々や企業は、利益追求という桎梏から解放される。したがって、経済は、資本主義よりも共存主義の方が円滑に動くと思われる。

これに対し、営利団体でなければ進歩しないと考える人もあるだろう。しかし、それはほんとうだろうか。これは、営利で利得をはかっている人々の策略ではないだろうか。また、進歩が絶対的な目標ではないという理論も成り立つだろう。それはともかくとして、現在の営利を目的としない法人でも、大部分は進歩の道を歩んでいる。そして、きちんと運営されている。

この章の結論になるが、株式会社はなくてもよいのである。

なお、前に述べたように、マイケル・ハートや斎藤幸平は、生産者たちが生産手段を〈コモン〉として、共同で管理・運営する持続可能な社会を提唱しているが、株式会社をコモンにしなければ、その目的の大半を達成することはできないだろう。したがって、生産手段をコモンにする前提として、株式会社を組織変更し、法人格を有する結社にする必要がある。その意味からしても、株式会社はなくてもよいのである。

第七章　集団の構成と意思決定

株式会社を法人格を有する新結社に変更すれば、その意思決定をどのようにするかが課題になる。この章では、その課題を一般化して、集団の意思決定の在り方について考察する。これは、共存主義の基礎の一つである「公正な合意」に関連する重要なテーマである。

入会集団の意思決定

ヒトが二人以上集まると、合意形成をする必要に迫られる。

資本主義のもとでは、商品取引を前提にする「契約」が、規範関係の基礎とされていた。しかし、共存主義では規範関係の基礎を広くとらえるので、第二章で述べた通り、「公正な合意」を三つの基礎のうちの一つとして据えた。

ヒトが二人以上集まる形態としては、家族、氏族、部族、民族、国家と規模を大きくしてゆくが、その形成過程と内容については、膨大な研究があるので、詳しくはそれらの文献を見ていただきたいと思う。[1]

ここで私がとりあげるのは、共存主義の規範関係の三つの基礎のうちのあと二つの「個人の主体性」と「共存的所有」との関係で、「公正な合意」がどのように形成され、意思決定がなされるかということである。その原型としては、入会権を総有している入会集団の意思決定の在り方を考察するのが適切だと思う。

なぜ、それが原型なのだろうか。それには、二人から四人までの家族を想定してみるがよい。「個人の主体性」であるが、共存主義のもとでは、ごく幼少のときは別として、未成年でも個人としての主体性が尊重されなくてはならない。また、モノの種類にもよるが、家族はその財産を「共存的所有」していると言うことができるだろう。そして、家族が合意形成をするときは、「公正な合意」が必要となる。

集団が集団として何かをするためには、集団としての意思を形成し、意思決定をしなければならない。そして、その意思決定に従って、外に向かって集団としての行動を起こす。その核にあるのが合意形成であり、意思決定である。その合意を公正にすることを共存主義の基礎であるとするのが、ここに言う「公正な合意」である。

これは、個から全体に向かうプロセスに他ならない。すなわち、個である集団の構成員と全体である集団は、資本主義の法のもとでは別個のものであり、したがって個の構成員と全体の集団にはジレンマが生じることがあるが、近代法と異なる入会集団の慣習によれば、入会集団の構成員と入会集団は一体であるからジレンマは生じない。なぜジレンマが生じないのか、その鍵となるのが入会集団における意思決定の方法である。

前に述べた通り、入会権というのは、村落共同体あるいはこれに準ずる共同体が慣習に基づいて山林や原野や漁場などを共同で所有して、それを管理し、収益する権利である。入会集団は、その入会権を持つが、その所有形態は総有であり、その入会集団の慣習が法源（法の淵源）とされている。なお、「総有」は、共同所有の一種であるが、「狭義の共有」と異なって各構成員は持分を持たず、したがって、持分分割請求はできない。

慣習が法源とされていることは、民法の規定にはっきりと書かれている。民法には、入会権に関して、「共有の性質を有する入会権については、各地方の慣習に従うほか、この節の規定を適用する。」（民法二六三条）と「共有の性質を有しない入会権については、各地方の慣習に従うほか、この章の規定を準用する。」（民法二九四条）という二か条の定めしかない。前者の「共有の性質を有する入会権」というのは、入会集団が総有する入会権であって、「この節の規定」とは共有の規定であり、この入会権は「共有入会権」と略称される。また、後者の「共有の性質を有しない入会権」とは、国有地や県有地などの上に設定されている物権としての入会権であって、「この章の規定」とは、地役権の規定であり、この入会権は「地役入会権」と略称される。しかし、いずれも、「各地方の慣習に従うほか」となっているので、共有や地役権の規定よりも「慣習」が優先されるのである。したがって、入会権に関しては、慣習が第一順位の法源である。

日本の民法が制定されたのは、明治二九年（一八九六年）であったが、その起草当時には入会権が広範囲の土地に存在し、多数の国民の生活にとって致命的な重要性を持つことが起草関係者には分かっていた。しかし、入会権の内容は複雑多様で条文に書きあらわすことが難しかったので、僅か二か条の条文になったのである。[2]

なお、入会権は日本だけにあるものではなく、ドイツの入会権（allmenderecht）など世界各国にある。[3]また、インターネットで入会権の英訳を検索すると、rights of common と出てくる。

私は、静岡県の富士山麓にある根原部落の県有地入会権事件を担当し、平成四年（一九九二年）一月に静岡県と和解することによって解決したが、その経緯については、法社会学の資料としての意義を持つので、依頼者である根原部落の承諾をいただいて『紛争解決学』で公表した。[4]なお、根原部落とは、講学上の呼び名に従った入会集団の名称であって、入会集団は、通常「部落」と呼称される。

ところで、私は、徳川時代以来の不文の慣習の聞き取りをして、それまでの慣習をまとめたが、昭和四七年（一九七二年）一月二日の初寄合のときに部落住民全員がそれに署名捺印をして、「根原部落規約」を成文化した。その規約に則って、根原部落の意思決定の方法を見ておこう。

なお、ここで「部落住民全員」と言ったが、戸主が部落住民たる戸を代表するので、署名捺印したのは、根原部落の二二戸の戸主である。

まず、部落住民（これまでは「構成員」と言っていたが、規約上は「部落住民」となっているので、以下、根原部落に関しては「部落住民」という）は、根原部落において、平等の権利を有し義務を負い、その資格を譲渡したり担保に供してはならない。

そして、財産の処分については、根原部落が、根原部落有財産を移転し、または担保権、用益権を設定する場合には、部落住民全員の承諾がなければならないと定められている。

根原部落の役員は、総代一名、組親四名であるが、総代は初寄合での選挙で、組親（部落住民を四ヶ組にわけたその代表）は互選によって選出される、と定められている。しかし、だいたいはまわりもちで役員が決められる。

入会権の変容に関する事項や根原部落における年中行事の基本的取極めなどの重要な事項については、寄合の決議を経なければならず、その寄合は、総代が毎年一月二日（初寄合）、一月二一日（太子講）、八月一五日（盆勘定）に召集するが、総代が必要と認めるときは、臨時に寄合を召集することができることになっている。

そして、その寄合は、部落住民全員で構成し、初寄合で翌年の総代を選挙する。また、初寄合および太子講において年中行事の基本的取極めを行う。前年後期の決算は初寄合で、当年前期の決算は盆勘定で行う。

その決議方法について、寄合に欠席したものがあるときは、総代が寄合の決定した事項について遅滞なくその者の同意を得ることになっている。

組親と組親会議であるが、組親は、その属する組を統括し、総代からの伝達、寄合のための連絡などの業務を行う。また、総代、前年の総代、翌年の総代（以上の当年、前年、翌年の総代を「三役」という）と組親四名をもって合計七名による組親会議を設け、日常業務の決定などの事項を協議する。そして、総代は、寄合及び組親会議の決議に従い、根原部落を統括し、業務を執行する。

以上が、徳川時代以来ずっと続いていた決議方法の慣習である。

この根原部落の、全員の合意がなければ財産処分ができないなどという重要な慣習は、根原部落に限らず、どの入会集団においても共通している慣習である。

ここで重要なポイントは、多数決原理が使用されていないことである。総代は選挙で選出されるが、だいたいはまわりもちなので、例外なく全員一致による選出となる。すなわち、公正な合意が達成されている。私も、事件の打ち合わせや方針を決めるために、何度も寄合に出席したが、部落住民の意識が高く、いつも活発な会議になった。

では、入会集団は、入会権をどのように利用するのだろうか。その入会権の利用形態には、さまざまなものがある。

その一は、個別的利用形態といわれるものである。これは、入会地を個々の入会権構成員の利用のために割り当てることなく、入会権者が共同して入会地に立ち入り、茸、下草、薪炭材、用材、木材等の一定の産物を採取して自己の個人所有とする利用形態である。これは、入会権の古くからある利用形態であったので、古典的利用形態ということができるが、二一世紀の五分の一を過ぎた現在では、この古典的利用形態による利用が少なくなってきたことは否定できない。

その二は、直轄利用形態である。これは、入会権構成員全員が一緒に、すなわち入会団体が全体として利用し、その入会地の生産物を所得する形態である。根原部落では、昭和三七年（一九六二年）から昭和四六年（一九七一年）まで、広大な入会地を採草放牧地として酪農を営み、特別会計を設けて、生産した牛乳を販売して特別会計に売上金を計上し、前記の初寄合と盆勘定に決算を行っていた。

その三は、分割利用形態である。これは、入会地を分割して個々の入会権構成員に割り当てて、その個別利用を許す形態である。この利用形態においては、利用行為は個々の入会権構成員が個別的に行い、利用の結果である利益、とくにその産物の取得は、個々の入会権構成員に私的に帰属する。根原部落では、酪農をやめたあとで、採草放牧地を大根畑に切り替え、毎年の初寄合のときに、畑地を割地して、個々の構成員が耕作する畑を抽選で決めることにした。以来、高冷地にある根原部落は、集荷時期が他と異なるので、大根の特産地として人気の高いブランド農産物となった。しかし、大根は連作障害があるので、畑地をあらかじめ四四区画に分割して、その区画に番号をつけておき、そのうちの半分の二二区画は休ませることにしていた。そして、その年の耕作可能な区画について抽選をして、二二戸の構成員が当たった区画を耕すことになっている。

その四は、契約利用形態である。これは、入会団体が個々の入会権構成員もしくは入会権構成員でない者と契約を締結して入会財産の利用を許す形態である。そして、原則として利用に対する対価を支払ってもらう。この大切なポイントは、入会権構成員でない者と契約することができることである。入会権構成員でない者のほとんどは法人である。すなわち、モノを生産したりサービスを提供したりする事業を営む企業もしくは教育や福祉や研究などを目的とする社団が契約の相手になる。この契約利用形態によって、入会権は外に開かれてゆくのである。

これらの利用形態のうち、どれを選択するかということが問題になったときには、前に述べた入会権の決議方法によって決定される。すなわち、すべて全員一致であって、多数決によって少数意見が切り捨てられることはない。多数決原理が採用されず、全員一致ということはいかにも非効率であって、それゆえに前近代的であるとか、封建的であるとか批判するする人がいるが、入会集団は決して封建的な組織ではない。また、さまざまな利用形態があることは、高度成長や利潤のみを目的とするのと異なって、多くの可能性を秘めているのである。

この入会集団の意思決定の方法は、入会集団より規模の大きい共同体や集団にも応用できるであろう。それがどこまで広げられるか、そして、どのような工夫をしたり、仕組みをつくったりすれば広げることが可能になるか、これは、個と全体の問題につながる大きなテーマである。

なぜならば、ここで見た入会集団においては、個と全体のジレンマは起こっていないからである。入会権は、もともと個＝全体のシステムであるから、個と全体のジレンマが起こることはないのである。

資本主義のパラダイムを転換して共存主義のパラダイムにシフトするのであれば、入会集団の意思決定の在り方をとり入れるべきである。

1　例えば、フリードリヒ・エンゲルス著、村井康男・村田陽一訳『家族、私有財産および国家の起源』（大月書店）
2　前出『注釈民法（7）物権（2）』（有斐閣）五〇一頁～五〇二頁
3　同書五一二頁
4　廣田尚久『紛争解決学』（信山社）三四九頁～四〇〇頁

共同体と地方分権

根原部落は二二戸の入会集団であり、所有形態は個と全体が分離されていない総有であるから、意思決定は全員の合意とすることが可能なのであるが、このシステムをどこまで広げることができるかということになると、なかなか難しいのではないかと誰しも思うだろう。

そこで、とりあえず人口一〇万人程度の地方都市を頭に置いて考えてみよう。とは言っても、イメージをつくりにくいだろうから、具体的な都市名をあげておいた方がよいと思う。長野県南部の飯田市は、二〇二二年三月三一日現在の人口は九万七七五〇人である。この規模の都市を頭に置いて考えれば、分かりやすいだろう。しかし、ここでは飯田市の歴史や現状を分析して具体的に考察するのではない。したがって、飯田市を頭に置いて考察するにしても、やはり抽象的にならざるを得ない。

問題は、入会権のシステムを共同体や自治体にどの程度広めることができるかである。その共同体や自治体であるが、自治体の中にさまざまな共同体が存在することにして、ここでは自治体という集団を想定することにする。「自治体」という言葉は、「地方自治体」という言葉に置き換えてもよいだろう。

ここで、パラダイムを資本主義から共存主義にシフトすることを目指すのであるから、入会権のシステムの中で応用したいことは、「総有」と「全員の合意」である。これはいずれも第二章で述べた「共存的所有」と「公正な合意」という共存主義の基礎にかかわる問題である。

飯田市のような地方自治体の中にどのような集団があるかであるが、そこには、保育園、幼稚園、小学校、中学校、高等学校、短期大学、大学などの養育、教育機関、医院、病院などの医療機関、児童養護施設、老人ホーム、身体障碍者施設などの福祉施設、店舗、飲食店などの商業施設、工場、コンビナートなどの工業施設、神社、仏閣、教会などの宗教施設、図書館、博物館、劇場、映画館などの文化施設、独立行政法人、NPOなどの任意団体、会社などの企業、消防署、警察署、登記所、裁判所、公民館、市役所などの公共施設等々が存在する。

これらの中には、私有のものもあれば、公有のものもあるが、第二章で述べたように、私は、共存主義のもとでは、すべてを統一せずに、ある程度幅のある所有概念を導入することによって、基礎を構築すべきだと考えている。

しかし、大きな流れとしては、入会権における「総有」を参考にした「共存的所有」に持ってゆくことが望ましいと思う。ここに並べた施設などは、共存的所有に移行してもそれほど支障をきたすものはなく、むしろ共存的所有にした方がよいと思われるものが多い。例えば、株式会社については、前章で考察したとおりである。

ただし、教育施設については学問の自由との関係で、宗教施設については信教の自由との関係で、裁判所については司法の在り方との関係で一考を要する。

教育施設については施設や運営を公的なものにしても、学問の自由や思想の自由を守ればよいし、その制度的保障をすれば、可能だと思われる。また、宗教施設については、私的所有の対象とすべきであろう。もっとも根原部落には部落有の神社があるが、宗教施設を信者の総有財産とすることは、信教の自由と矛盾しない。そして、裁判所については、施設は公的な所有に属するものになるが、共存主義における司法の在り方は、資本主義の司法とは異なる要素があるので、後に論じることにする。

以上のように考察すると、地方自治体における「共存的所有」は、クリアできるのではないかと思われる。

共存主義のもとでは、ここで並べた集団が地方自治体の中で存立することになる。これらの中には、入会集団もあるかもしれない。その入会集団の所有形態は「総有」であるが、その他の集団の所有形態が純粋な総有でなくてもよい。所有の在り方について、さまざまなバリエーションがあり、それが重なり合ったり、混在したりしてもかまわない。とくに集団のものから個人の所有に移したり、利用形態を変更したりするときには、所有形態の重なりや混在は避けて通ることはできない。それは、すでに根原部落の利用形態で見た通りである。総論として共存的所有という枠組みでくくり、各論はきめ細やかな工夫をするということであれば、共存主義のもとでの地方自治体の全体像が見えてくる。

ここで肝腎なのは、以上のような集団をネットワークで繋げるということである。ネットワークで繋げることにすれば、集団の規模を大きくすることができる。そして、ネットワークで繋げることは、競争的な関係で淘汰するのではなく、協力的な関係で共存することを意味する。

ここで浮かび上がってくる問題は、意思決定の方法である。

率直に言えば、一〇万人の規模の地方自治体で、すべてのテーマについて全員一致でなければならないということでは、意思決定をすることは非常に困難になるであろう。

地方自治体が意思決定をするときには、多数の意見や利害を一つにまとめなければならない。この多数の意見や利害をまとめることは、政治の根幹的な仕事であるから、後に政治システムの問題として考察するが、ここでは、地方自治体における意思決定に的をしぼって考察することにしたい。

地方自治体が意思決定をするのであれば、議会を設けて構成員を代表する議員の多数決で決めればよいと考えるであろう。しかし、それでは貴重な少数意見が切り捨てられてしまう恐れがある。困難であっても、少数意見をくみ上げて、何とか一つの合意にまとめることはできないか。根原部落では、反対意見があれば徹底的に議論し、必要であれば修正し、反対意見が正しいと考えればそれに従い、さまざまな仕組みを組み立てて全員一致までこぎつけている。これが徳川時代から今日までの慣習である。

規模が大きくなれば、それは無理かもしれない。しかし、ほんとうにそうだろうか。

私は、横に広げたネットワークを、積み上げることによって、それがどこまで可能になるかの問題だと考えている。

一〇〇人規模の集団のいくつかをまとめて、一〇〇〇人規模のネットワークをつくる。そのネットワークは、利害や地域や職業団体でまとめてもよいだろう。一堂に会することができなくても、コロナ禍で普及したテレワークを応用してインターネットでつなげれば、かなりの人数の意見を集約することは可能であろう。もとより、それぞれの集団を代表する代表者がその協議に参加してもよいが、その代表者は、選出母体の全員一致の意思を代表するのであるから、その段階で、少数意見が切り捨てられることはない。

一〇〇〇人規模のネットワークの意思がまとまれば、次は五〇〇〇人規模のネットワーク、その次は一万人規模のネットワーク、その次は三万人規模のネットワーク、そして最後に、一〇万人規模の地方自治体のネットワークにつながって、全体の意思決定がなされる。

そんな煩わしいことはできないという声が聞こえるようである。しかし、このような有機的なネットワークの積み重ねができれば、少数意見が切り捨てられることは最小限に抑えられる。民主主義とは、本来はこういうものだ、と私は思っている。

これに対し、それは難しいと思う人は多いだろう。しかし、ほんとうに難しいのだろうか。

地方自治体で意見や利害が対立して、熾烈な闘争が展開されるのは、たいていは外から持ち込まれる問題である。例えば、電力会社が原子力発電所をつくる、軍事基地のために沿岸を埋め立てる、カジノを含む娯楽設備を計画する、これらはすべて外部の要因である。そのような問題でなく、地方自治体の内部で起こる問題は、たいていは意見の大きな分裂はなく、全員一致か、それに近いところで意思決定がなされる。もっとも、内部で起こる問題でも、大阪都構想のように意見が真っ二つに割れる例もあるが、これは例外と見てもよいだろう。

意見が割れる問題としては、予算の配分がある。配分の中身と優先順序については、大いに議論すべきことであるが、予算不足が議論を過熱化する場合が多いだろう。したがって、その対応としては、予算不足を克服することである。予算が潤沢であれば、予算をめぐる意見の対立は少なくなるはずである。

そこで、私は、国税の多くを地方税にして、地方に多くの予算をまわすことが必要であると考えている。地方自治体が、その名の通り自治体であるならば、「自治」に値する財政の自立が必要であり、そのためには、国税を大幅に地方税に変換しなければならない。

そして、真の意味の地方分権を実現する。これが共存主義における地方自治体の在り方である。

それでも全員一致は無理だと言う人がいるだろう。それならば、議会を設けてもよいかもしれない。

その場合でも、あらかたはネットワークで集約された意思を確認するだけで済むだろう。

ネットワークを積み重ねるなどという時間はない、という声もあるだろう。しかし、ベーシック・インカムを導入すれば、ヒトは労働や貨幣から解放されるのであるから、話し合いをする時間の余裕はあるはずである。

働き、稼ぐことばかりが人間ではない。コミュニティの在り方を議論し、個の意思を全体の意思に繋げるのもまた人間なのである。

国家

地方分権が徹底し、地方自治体において有機的なネットワーク・システムが構築されたときに、国家にはどのような役割があるのだろうか。

この問題は、本来ならば国家が必要なのかどうかというところからスタートしなければならない。しかし、その一部としてアナーキズムの系譜をたどるだけでも一冊の本ではおさまらないだろう。

ここは国家が必要だとして通り過ぎるとして、役割を大幅に地方に譲ったとしても残る国家の役割は何かという問題が浮かび上がってくる。それは、国家でなければできない役割、あるいは国家がするのが最も適切な役割ということになる。

この場合、経済も政治もグローバル化している現在においては、国際関係の動向に影響されるところが大きい。すなわち、国際的な動向によって、国家の役割も変動する。したがって、「国家」という枠組みで物事を考察するのが適切であるかどうかという問題があるが、今なお国家という枠組みが大半であることは事実である。欧州連合（ＥＵ）のような国家の連合体が世界全体の枠組みになることは、あるとしてもかなり先のことであろう。まして、世界連邦は夢の彼方である。こうしてみると、「国家」という枠組みで考察を進めることが最も現実的であり、また、イメージを結びやすいと思われるので、ここからはひとまず、集団の頂点に近いところにある国家について、その役割を考察することにする。

しかし、古今東西の国家論を集めれば、おそらく一万冊は超えるだろう。したがってここでは、共存主義のもとでの国家の役割に的をしぼって考察したい。

国家の役割を列挙するだけでも数ページの紙数を要すると思われるが、ここでは、ごく簡単にあげれば、全国共通の法律の制定、環境保全、社会福祉、公共事業、司法・治安・国防・外交、通貨の発行、租税の徴収がある。他にも教育、科学技術、産業育成などがあるが、これらは、共存主義のもとでは大幅に地方自治体やその他の集団にゆだねられるから、国家の役割として残る部分は全国的に共通の事項に限られる。

このうちの全国共通の法律の制定については、のちに政治システムの中で考察することにする。環境保全、社会福祉、公共事業、租税の徴収は、共存主義のもとでは、多くの部分が地方自治体の管轄になるが、それでも国家がはたす役割は大きいものとなる。

自然、大気、水などに関する環境問題は、境界を超える循環的な事象であるから、地方の枠組みだけではとらえられず、国家の枠組みの中で取り組まなければならない問題がたくさんある。さらに、公共事業も、地方の枠組みを超えて公共財を構築する必要があることが多い。それらの事業を遂行するためには、国税が必要であり、その国税を徴収するシステムを国家が備えることは必要である。

共存主義のもとでも、司法・国防・治安・外交は必要な国家の役割であるが、共存主義における司法・治安・国防・外交は、資本主義におけるものとは相当の相違がある。これらについては、のちに考察することにしたい。

ここで、私は、国家の主要な役割として、通貨の発行をあげたい。

共存主義の国家では、現代通貨理論（ＭＭＴ）を採用して、国家の通貨発行には制限を設けない。

もとより、ハイパー・インフレーションにならないようにという制約はあるが、通貨の発行には財源の制約はないものとする。ベーシック・インカムも国家の通貨発行によって実現されるだけでなく、環境保全や公共事業や産業育成のために税収を上回る出損が必要なときは、国家の通貨の発行によって賄われる。

国債の発行はしないから、国債の償還や利払いのための予算を計上する必要はない。すでに発行された国債の扱いであるが、日銀が市中の国債を買い取ることによって、最終的には国債発行残高をゼロにもってゆく。

これはいかにも都合がよすぎる見解であると思われるだろう。しかし、通貨が通貨として流通するのであれば、不可能なことではない。通貨を使用するときに、通貨として相手方に受けとってもらえることが続く限り、国家が通貨の発行を続けることはできるのである。

しかし、ここには重要な要素が必要である。その要素とは、通貨の信認である。

通貨の信認については、第五章でも述べたが、国家が通貨を発行し続けるためには、通貨としての信認を受け続けることが必要である。これも前に述べたことであるが、通貨の流通を保障しているのは、その国家の経済力、政治力、文化力、民度などさまざまな要因を総合した国力であると言えるだろう。これらはいずれも長い時間をかけて培われるものであり、多くの国では信認を受けているものとして通貨が流通しているから、通常は通貨の信認を意識することはない。

注意すべきは、国力に軍事力が含まれていることである。そして、今なお少なからずの為政者や人々が、国力は軍事力の質量によって決まる、極端に言えば国力＝軍事力だという思想を信奉している。

しかし、国力に軍事力が含まれているとしても、軍事力によって通貨が信認を受けて、永続的に流通が保障されると考えることはできないだろう。通貨の流通は、軍事力とは別のメカニズムによるものだからである。とは言うものの、通貨の信認と軍事力とはまったく無関係というものでもないだろう。軍事力をちらつかせて、他国に自国の国債を保有させるとか、海外援助の名のもとに資金を投入するとかは、軍事力を国力の基礎に置いて、通貨の流通をはかっていると思われる節がある。けれども、共存主義の理念は、軍事力を国力の基礎に置くことと矛盾するので、それは極力避けたい。だとすれば、軍事力ではないものをもって通貨の信認を支えなければならないことになる。とくに、共存主義においては、信用創造による通貨の発行を認めず、もっぱら国家が通貨を発行することになるから、社会全体で通貨の信認を受け続ける仕組みをつくることが必要である。また、国家がMMTを採用して通貨を発行するのであるならば、国家の通貨発行を続けることができるような柔軟かつ強靭な社会を作らなければならない。

さらに、共存主義のもとでは、第五章で述べたように、通貨の五つの機能のうち、価値の尺度に関する機能は残し、交換の手段としての機能は重視するが、価値の保蔵手段としての機能は縮小し、果実を生む機能と価値を先取りする機能はなくすことを目指している。そして、金融機関に通貨を創造させないから、通貨の創造は、ほぼ国家が独占することになる。将来は、地方における〈コモン〉の発達などにより地域通貨の流通があり得るが、私は、しっかりした共存主義の社会を構築して、国家が通貨発行を独占することが望ましいと考えている。

以上のように、国家の最重要な役割の一つとして、通貨の発行があるが、ここでもう一つ重要な役割としては、デジタル技術や人工知能（ＡＩ）の扱い方をあげておきたい。

デジタル革命によって、限界費用がほとんどかからないコラボレーションを可能にするネットワーク時代が到来したので、デジタル技術がどのように所有され、どのように利用されるかが問題になる。[1]しかし、それには二つの対立する潮流が見られる。その一つは、誰でも同時に作り手でもあり使い手でもある「生産消費者（プロシューマー）」になることができることであるが、もう一つは、少数の企業がネットワーク社会の中心の座を占めデジタル世界の独占企業と化し、特許で完全武装して特権的な地位を守っていることである。[2]

しかし、共存主義のもとでは、国家が前者の潮流を促進させ、後者の潮流を阻止する役割をはたす必要があるとともに、知的財産権の開放をする必要がある。[3]すなわち、共存主義のもとでは、開発に必要なコストを回収する必要のない経済システムにするべきであり、開発のために通貨が必要であれば、国家の通貨発行権を駆使すればよい。

このようにして、情報を人々と共同体のものにし、ゼロ価格か廉価にする役割を国家が担うようにしたい。

そこで、人工知能（AI）であるが、私は、通貨の発行量やベーシック・インカムの額を決定することについては、AIを利用するのがよいと考えている。通貨の発行量やベーシック・インカム額を決定するためには、複雑な要因や変数をインプットする必要があるだろう。それにもかかわらず、そのような決定は政争の具にされやすい。したがって、政争の具にせずに、ニュートラルな計算をしなければならないが、そういうときこそ、AIの出番ではないだろうか。もとより、人間がAIをコントロールできることが前提であり、フィードバックを適切に行って、適宜修正する柔軟性が必要である。

ところで、ハイパー・インフレーションであるが、国家が通貨を発行し続けても、ハイパー・インフレーションは滅多に起こることではない。二一世紀に入ってからの例としては、二〇〇九年のジンバブエのインフレ率二億三〇〇万パーセント、二〇一九年のベネズエラのインフレ率二六八万八六七〇パーセントがあるが、いわゆる先進国では発生していない。AIを活用すればハイパー・インフレーションを回避することは容易にできると思うのは、楽観的に過ぎるだろうか。[4]

いずれにせよAIをうまく利用することによって、国家がその役割をはたすことができれば、共存主義の展望が開けてくると思う。

さて、ここまでは国家が必要であるという前提で考察をすすめてきたが、ロシアのウクライナ軍事侵攻を目の当たりにすると、国家の存在が弊害をもたらすのではないかという疑念が出てきてもおかしくない。また、経済的には国家間の相互依存が深まっていて、国家の壁を低くした方がよいことは事実である。これをおし進めてゆくと国家は不要であるということになるだろう。したがって、共存主義のもとでは国家の壁をなくすことを視野に入れておくことも必要だと思われる。その場合には、国家の役割を共同体に移すことになるが、叡智があればそれも不可能なことではないと思う。たとえば、通貨については、信認を受け続けることができる共同体を構築して、その共同体が通貨を発行することにすればよい。

1　ケイト・ラワース著、黒輪篤嗣訳『ドーナツ経済学が世界を救う――人類と地球のためのパラダイムシフト』（河出書房新社）二一九頁
2　同書二一九頁～二二〇頁
3　同書二二三頁～二二六頁
4　前出『MMTとは何か　日本を救う反緊縮理論』も、ハイパー・インフレーションは極めてまれな現象としている（同書二六二頁～二六五頁）。

世界規模の課題

　ここまでは、主として集団の規模の大きさに関して頂点に近い形態としての国家についてみてきたが、それより大きな規模として考えられるのは、欧州連合（ＥＵ）のような国家の連合体、そしてその先の世界連邦ということになるだろう。そして、国家の連合体を考察する前に、国家と国家の間に生じる国際関係も視野に入れなければならないところである。しかし、国際関係を分析し、国家の連合体に思考をめぐらせることは、非常に膨大な作業であって、率直のところこの本の紙数からして及ぶところではない。したがって、共存主義にパラダイムシフトするために最も関係の深いいくつかの問題をとりあげ、それについて私なりの考えを述べることにとどめさせていただきたい。

　文化や経済や政治、そして、ヒト・モノ・カネが国や地域を超えて世界規模で拡大してゆくグローバル化の波は抑えることはできないだろう。新型コロナウイルス禍にあって、その勢いが抑えられているような現象は起こっているが、底流のグローバリズムが消滅しているわけではない。かえって、グローバリズムの利点に期待する面も起こっている。たとえば、新型コロナウイルスワクチンの開発や輸出入は、グローバリズムのよさを発揮してほしいところである。

　したがって、共存主義もまた、国家の枠組みを超えて普遍化する必要がある。すなわち、資本主義をパラダイム転換して共存主義にシフトするのであれば、その範囲を世界規模に拡張しなければならない。

このように考えれば、一気に、では世界連邦へという思考に到達することはあり得る。しかし、いきなり世界連邦を構想し、それをそれぞれの国家に及ぼしてゆくというういわばトップダウンのやり方でうまく世界連邦が機能するだろうか。私は、むしろボトムアップの方式で、国家、いくつかの国家の連合体、そして世界連邦と積み上げてゆくやり方がいいのではないかと思っている。これはいかにも抽象的であることを認めざるを得ないが、グローバル化が進んでいる世界では避けて通れないことである。

ここで具体的な課題として取りあげたいのは、地球環境の保全と軍縮である。

まず、地球環境の保全であるが、世界が抱える環境問題を列挙すると、気候変動、オゾン層の破壊、酸性雨、砂漠化、森林破壊、海洋汚染、海洋ごみ問題、水質汚染、水資源の枯渇、生物の絶滅、放射性物質の廃棄問題、土壌汚染、採掘による有害物質、二酸化炭素の排出問題、大気汚染などがあげられる。これらの環境問題の一つひとつは、あまりにも大きな問題であるので、論じだすと膨大なボリュームになってしまうが、それはたびたび報道されるので、多くの人々にとっては可視化され、あるいは実感されていると思われる。したがって、いわば自明のものになっていると思われるので、その内容を説明することは省かせていただくことにする。

環境問題を地球規模で考えるとき、二〇一五年九月の国連総会で、国連に加盟している一九三か国のすべてが賛同したＳＤＧｓ（Sustainable Development Goals・持続可能な開発目標）に触れないわけにはゆかないだろう。

ＳＤＧｓには、一七の目標（goal）と一六九のターゲット（Target）があり、目標には、比較的抽象的な表現による地球規模での目指すべき到達点が描かれている。一方、ターゲットには、達成を目指す年や年数を含むより具体的な到達点が描かれている。[1]

ＳＤＧｓで取りあげられている目標やターゲットは、環境問題に限らないが、環境問題では、「気候変動とその影響に立ち向かうため、緊急対策を実施する【気候変動に具体的な対策を】（目標13）、「持続可能な開発のために、海洋や海洋資源を保全し持続可能な形で利用する【海の豊かさを守ろう】（目標14）という目標がある。[2]

また、「すべての人々にとって、持続的でだれも排除しない持続可能な経済成長、完全かつ生産的な雇用、働きがいのある人間らしい仕事（ディーセント・ワーク）を促進する【働きがいも、経済成長も】（目標8）という目標もある。このことについて、経済成長が目標に入ってきたことで、経済、社会、環境という持続可能な開発の三側面が同じ土俵に乗ったわけであると解説されている。[3]

ここで経済成長に持続可能性という枠がはめられていることについては一応評価することができるが、「経済成長」という看板をおろさないところは、ＳＤＧｓは、まだ資本主義のパラダイムの範疇にある仕組みだと言うべきだろう。

しかし、経済成長を否定するわけではないが、目標にすることには疑問がある。経済循環の結果として経済成長ができればそれはそれで望ましいことだが、経済成長を目指せば「価値の先取り」などの無理をする。経済成長を目指す限りは、いくら「持続可能」という言葉を使っても、実際には持続可能性は無理である。大切なのはヒトが共存できる経済であるから、定常経済でもいいはずである。

以上によって、共存主義においては、経済成長という看板をおろし、徹底的に地球環境の保全に取り組むことにしたい。

では、なぜ環境問題を取り組むときには、経済成長と衝突するのだろうか。

経済成長を支えている産業システムの正体は、取り、作り、使い、失うという始まりと終わりがある製造サプライチェーンである。まず地球から鉱物や金属やバイオマスや化石燃料を採取する。次にそれらを製品に作り替える。そしてその製品を消費者に売る。最後に消費者がそれを捨て去る。[4]

私は、前に資本主義では器が小さ過ぎると言ったが、資本主義はこの直線型の産業モデルによって利益を追求するシステムであるから、このシステムの外にある環境問題には手がつけられないのである。

経済理論もこのような産業によってもたらされる悪影響を「負の外部性」と名づけて認識しており、国や企業に汚染を許される量を割り当てたり、課税によって対応する理論を提唱しているが、[5]その程度の対策で危殆に瀕している環境が改善される見込みはないと言うべきだろう。

したがって、経済成長という看板を撤去して、このような直線型のシステムを改め、経済成長を目指さなくてもよい持続可能性を追求しなければならない。すなわち、「循環型経済」を通じて、非環境再生的な設計から環境再生的な経済へと設計変更しなければならない。[6]

では、具体的にどのような設計をすればよいのか。そして、その設計に基づく実践がどこまで進んでいるのか。それは、共存主義にパラダイムシフトするときの重要なポイントであるが、それについては前出のケイト・ラワース著『ドーナツ経済学が世界を救う――人類と地球のためのパラダイムシフト』をはじめとして多数の文献がある。しかし、それをここで紹介するのはあまりにも多くの紙数を要するので、同書の次の部分を引用するにとどめることにして、お許しいただきたいと思う。

成長とともに汚染は広がる。各国経済が拡大するにつれて、資源の採掘量を示す世界のマテリアルフットプリントは増大し、気候変動も、水不足も、海洋酸性化も、生物多様性の喪失も、化学物質汚染も深刻の度を深めている。わたしたちは非環境再生的な産業経済を受け継いだ。それを設計によって環境再生的なものに変えることが、わたしたちに与えられた課題だ。きわめて困難な課題であることは確かだが、次代の優秀なエンジニアや、建築家や、都市計画者や、設計者にはとてもやりがいのある課題である。[7]

私は、次代の優秀なエンジニアや、建築家や、都市計画者や、設計者がこの課題に取り組むためには、共存主義でなければならないと思っている。経済成長や利潤を目指す資本主義のもとでは、落ちついてこの課題に取り組むことができないだろう。これに対して、共存主義のもとでは、経済成長がなくても、利潤が出なくても、環境問題に取り組むことができる。

地球環境の保全を取り組んでも、目覚ましい経済成長は期待できず、また、利潤を出すことは難しい。しかし、共存主義のもとでは、カネが必要ならば国家が通貨を発行することができるし、エンジニアや、建築家や、都市計画者や、設計者の生活は、ベーシック・インカムによって保障される。共存主義のシステムは、地球環境の保全に親和的なのである。というよりも、ほんとうに地球環境の保全を目指すのであれば、共存主義にパラダイムシフトしなければならない、と私は考えている。

1 蟹江憲史『SDGs（持続可能な開発目標）』（中公新書）三頁
2 同書一〇八頁～一一二頁
3 同書九〇頁～九二頁
4 前出『ドーナツ経済学が世界を救う——人類と地球のためのパラダイムシフト』二四一頁
5 同書二四二頁
6 同書二五〇頁
7 同書二七六頁

戦争か平和か

地球環境の保全と並んで、もう一つの世界規模の課題は「軍縮」である。

これは、軍縮をせずに戦争の種子を温存または拡張するか、平和を目指して軍縮するかの選択の問題である。言葉を換えれば戦争という「裏切り」を選択するか、平和という「協調」を選択するかである。

そこで、「裏切り」と「協調」という、人間の二つの行動パターンを使って解明してみよう。これから述べることは、個人の行動パターンであるが、それをそのまま国家の行動パターンに置き換えることができる。

ゲーム理論の中に、有名な囚人のジレンマゲームというモデルがある。[1]

二人の囚人XとYが互いに相手方が何を言っているか知らされていないで牢屋につながれているとする。XがYを裏切って「Yこそ犯人だ」と言い、YがXに協調して「Xが犯人だ」と言わないとすれば、Xには証拠がないので無罪になり、Yが重い有罪になる。しかし、互いに相手方が犯人だと言えば、罪は一人で犯行に及んだ場合と比べて少し軽くなるが二人とも有罪になる。これに対して、双方が協調して何も言わないとすれば、双方とも有罪になるものの、有罪にする証拠が弱いので、罪は相当軽くなる。このとき、囚人Xと囚人Yは、それぞれが「協調」と「裏切り」という選択肢をとることができるが、XとYは、互いに相手方がとる行動を知らないときに、自分の行動を選択しなければならない。だとすれば、XとYは、協調と裏切りのどちらの行動を選択するのだろうか。

囚人は、自分が相手方を裏切って相手方が自分を裏切らなければ無罪になるが、双方とも裏切ればひどいことになる。そして、双方が協調すればまずまずの結果になるが、自分が協調して相手方に裏切られると最もひどい結果になるから、うっかり協調できない。だから、結局のところ、双方とも「裏切り」を選択してしまって、二人とも有罪になる。これが囚人のジレンマである。

このことで、何か思い当たることはないだろうか。

戦争を指向する国家の行為は、自国が協調して相手国に裏切られたら最もひどいことになるので、せっせと武器を製造・貯蔵することに他ならない。

しかし、このモデルは、一回限りの選択、あるいは有限回の選択のケースである。もし、回数が決まっていなければ、結果はどのようになるだろうか。ここで、反復囚人のジレンマゲームの登場である[2]。

実際の人のつき合いでは、当事者どうしが相手方と何回つき合うかを知らない場合がほとんどだろう。そこで、囚人のジレンマゲームを回数を知らせずに反復して行う、反復囚人のジレンマゲームをすれば、どのようになるだろうか。アクセルロッドは、対戦の回数を知らせないという条件を設定したうえで、囚人のジレンマゲームを反復して行うコンピュータ選手権を二回開催し、ゲーム理論の専門家を競技参加者として招待した。

その結果、この選手権で優勝したのは、二回ともトロント大学のアナトール・ラポポート教授が応募した「しっぺ返し」戦略だった。

「しっぺ返し」戦略は、最初は協調行為をとる。その後は相手方が前の回にとったのと同じ行為を選ぶ。この決定方法は分かりやすく、プログラムをつくるのも簡単である。そして、人間どうしのつき合いにおいて、かなり多くの場合に協調関係を引き出すものとして知られている。コンピュータ選手権の参加者として、「しっぺ返し」戦略は、相手方からあまり搾取されず、また、「しっぺ返し」どうしがつき合ってもうまくゆくという望ましい性質を持っている。また、自分の方からは決して裏切らないという互恵主義が結局のところ最も高い利得をすることを示している。そして、アクセルロッドは、結論として、協調関係の基本は信頼関係ではなく、関係の継続であると言っている。[3]

この反復囚人のジレンマゲームの研究の成果は、国家が戦争を指向するか平和を指向するかの選択にあたって、大きな示唆を与えるものであると思われる。そして、軍縮に関して言えば、資本主義のパラダイムと共存主義のパラダイムの相違点を照射している。なぜならば、資本主義は利潤を追求し、相手を蹴落としてもよいという裏切りの行動に傾くのに対し、共存主義は関係の継続を重視し、公平な合意を目指し、協調して共存しようという行動に傾くからである。

簡潔に言えば、資本主義は戦争に親和的であり、共存主義は平和に親和的である。これは、精神的な問題ではなく論理的な問題である。そのことを証明したのが反復囚人のジレンマゲームであると言うことができると思う。

しかし、資本主義のもとでも軍縮に向かう萌芽はある。

一九九七年の対人地雷全面禁止条約（オタワ条約）、二〇一〇年のクラスター爆弾禁止条約（オスロ条約）は、市民主導で成立した条約であり、この二条約には日本も批准している。

また、核兵器の開発、実験、生産、保有、使用を全面的に禁じる核兵器禁止条約が五一か国・地域の批准のもとに、二〇二一年一月二二日に発効した。[4] この条約には、米国、ロシア、英国、フランス、中国の核保有国は参加せず、核の傘のもとにある日本なども批准していないが、米国などが参加していないのは、オタワ条約もオスロ条約も同じである。しかし、多くの国々の参加による国際条約が成立した以上、核保有国も国際的な規範として尊重せざるを得ないだろう。対人地雷もクラスター爆弾も、条約の発効後は、不参加国も一定の制約を受けていると言えるからである。

さて、「軍縮」である。

極端な考えではあるが、私は、共存主義にパラダイム転換をした暁には、核兵器のみならず、人類がすべての武器を棄てることにしたいと思っている。

私はかねがね不思議に思っていることがある。それは、なぜやりもしない戦争のために、世界中の国々が毎年莫大な予算を計上し、軍備に予算を投入するのか、というまことに素朴な疑問である。これは、人類が囚人のジレンマの陥穽に落ちてしまったことに他ならない。

しかし、これはいかにも素朴すぎる疑問であると私自身も認めざるを得ないが……待てよと考えて、軍備を棄てた国があるかどうかを調べてみよう。

中米のコスタリカは、一九四八年の内戦の翌年に憲法が施行されて、常備軍が廃止された。そして、一九八三年には永世非武装中立を宣言し、今日に至っている。この間の歴史にはさまざまな動きがあるが、コスタリカはラテンアメリカからの多くの政治家や民主主義活動家の避難場所となり、チェ・ゲバラやフィデル・カストロも一時コスタリカに滞在していたそうである。

コスタリカと日本との違いを、『中南米の奇跡コスタリカ』の著者寿里順平は、「戦争をして、そのくだらなさがわかったつもりだからもうやらないという嫌戦論が日本。戦争はしなかった、これからもまた、やらないだろうからという戦力不要論がコスタリカである」[5]と言っている。

私の素朴な疑問は、今のところ妄想のようなものかもしれないが、一つでもコスタリカのような国が存在することはたいへん心強い……と思っていたところに勃発したのがロシアのウクライナ侵攻である。ロシアの軍事侵攻については、誰しも言いたいことが山ほどあるだろうが、ここでは一つだけにとどめよう。

私が最も言いたいのは、プーチンが核兵器の使用をほのめかしていることである。核兵器を使用すると威嚇されれば、いかに理不尽な軍事攻撃であっても、武器をもって反撃することはできない。うっかり反撃すれば、核兵器が使用されかねず、それが世界大戦につながる危険性もあるからである。世界中には約一万五〇〇〇個の核兵器があるが、この核兵器が使用されればすべての人類を滅ぼしてもまだ余りがある。これが現実であり、その現実を世界中の人々の目に見せつけたのがプーチンに他ならない。

したがって、この現実を反転させるためには、核廃絶を現実にしなければならない。だとすれば、共存主義のもとで「軍縮」にとりかかり、核兵器だけでなく、すべての兵器の廃絶を模索するべきではないだろうか。それが実現すれば、農耕牧畜以来の一万年の歴史を転換することができる。

1 囚人のジレンマゲームについては、ロバート・アクセルロッド著、松田裕之訳『つきあい方の科学』（HBJ出版局）七頁～九頁
2 反復囚人のジレンマゲームについては、同書二六頁～五五頁
3 同書一八九頁
4 二〇二一年一月二二日朝日新聞夕刊、同月二三日朝日新聞
5 寿里順平『中南米の奇跡コスタリカ』（東洋書店）二九五頁

第八章　政治システム

共存主義のもとでも、政治システムは不可欠である。しがたって、共存主義のもとでの立法、行政、司法のシステムを概観しておく必要があるが、本章では、立法と行政を検討することにする。

法律の制定

共存主義の基本を「公正な合意」に据え、入会権方式を採用して全員一致で意思決定をし、それをネットワークでつなげて積み上げてゆくとしても、人口数百万人規模、数千万人規模、一億人超規模の国家で実践することは、事実上不可能であることは確かである。

しかし、国家には、全国で適用される法律を制定する役割がある。したがって、立法システムを構築する必要があることは明らかである。

共存主義における立法の在り方の基本は、「公正な合意」である。民主主義のもとでの立法は、もともと国民の合意によってなされる政治的作業であるから、合意がしっかりしていればいるほど法の執行がやりやすくなり、法的な安定度が高くなる。これに対して、多数の反対を押し切って成立した法律は、その法律をめぐるトラブルが多発して法的安定性が低くなる。

したがって、共存主義もとでは、「公正な合意」に基づく法律を制定し、社会における法的安定性を高めるために、立法過程も重視しなければならない。

共存主義における立法については、いくつかの前提と工夫が必要である。

まず前提としては、人々が高い政治的関心を持つことである。裏から言えば、政治的無関心（アパシー＝Apathy）に陥らないことである。

政治的無関心について、丸山眞男は、政治学の講義の「現代的アパシーの特徴と発生原因」という項目の中で、次のように語っている。

テクノロジーの発達は、権力中枢と個人の日常生活との距離を著しく縮めた反面において、大衆の権力に対するコントロール感覚は現代政治機構の複雑化と、その規模の国際的拡大によって、かえって減退した。（中略）指導者の演説や国会の模様はテレビで食卓にいる人々のすぐ目の前の映像になっている（映像の上で、日本の首相どころか、アメリカの大統領やソ連の首相が二、三尺の距離で語りかける）。それだけに、どうにもならぬという諦観とニヒリズムが人々をとらえる。政治を本当に無縁と信じられたらいい、そう信じ切れない、いかにも政治的冷淡をsophistication（注・高い教養）のしるしとしてほこっているように見える知識人も、実は内心では政治にたいする不安と焦燥にさいなまれている！　無関心はもはや自然なものではなく、それ自体とりつくろったポーズとなったのである[1]。

私がこの講義を聞いたのは一九六〇年のことであるから、「ソ連の首相」は「ロシアの大統領」の誤植ではない。それから六〇年以上を経た二〇二二年、アパシーはポーズではなく、肉体の一部にまで亢進してしまったと私は思うが、それにしてもこの講義は何とみずみずしさを保っているのだろうか。

みずみずしいと感じることは、未だに政治的無関心から脱却することができていないばかりではなく、ますます亢進しているからだと思う。

しかし、よく考えてみると、人々は、個人としては決して政治に関心がないわけではないだろう。まして、コロナ禍の渦中にあっては、政治の動向を憂慮して強い関心を払っているのではないだろうか。とは言っても、自分の殻に閉じこもって、他人と政治的意見を交換することはしなくなっているとも思われる。これは、日本人に特殊な傾向かもしれないが、政治的意見の相違によって人間関係が悪くなることや仕事上の取引がうまくゆかなくなることを恐れて、無難な処世術を心がけているのではないだろうか。

共存主義になれば、このような目に見えない障壁は、かなり取り払われて、政治的関心度は高まると思われるが、それでも政治的無関心から脱却するためには、幼児からの教育が大切だと思われる。

共存主義における教育の在り方は非常に重要なポイントであるが、私が提唱したいのは、幼児教育の段階から行うものとして、ディベート、パネルディスカッション、学校メディエーション（学校に調停機関を設けて、学生が調停者としてトラブルを解決するシステム）である。これらの教育実践により、意見をすり合わせながら合意を見つけ出す能力を幼少のときから身につけることができると思われる。

それでも意見の相違が出ることは避けられない。法律を制定するという大きな問題になれば、その意見をたたかわせて、一つのものにまとめるために、国会が必要になるのは、共存主義のもとでも必然だと言わざるを得ない。

しかし、共存主義においては、多数決によって押し切ることは極力避けたい。そのためには工夫が必要である。では、どんな工夫があり得るだろうか。

ここでも「公平な合意」がキーワードになる。

法律制定についての「公平な合意」を得るためには、具体的には、多数決の横暴を許さないことであり、同じことであるが、少数意見を尊重することである。

そのための具体的な方策としては、少数意見についての討論のために多くの時間をとることである。そして、少数意見によって原案を修正したり、原案を撤回したりすることが価値あるものであるという思想を定着させることである。

また、重要な法律の制定、条約の締結については、国民投票によって国民の意思を問うことである。

選挙による時期と法律を制定する時期とにはタイム・ラグがあり、また、選挙のときには争点にならなかった事項について法律を制定することがあるから、国会の意思と国民の意思とに齟齬が生じることがある。そのような齟齬があるときに意見が割れている法案を成立させるのは望ましくない。

そして、議決の方法に多様性を持たせることである。法律の内容によっては、多数決で決めるのではなく、事項を細分化して、特別決議、例えば、四分の三とか、三分の二とかの多数でなければ決議できないことにする方策もあるだろう。

そんなことをしたら法律を制定することができなくなる、と言う人もいるだろう。しかし、共存主義のもとでは、幼児のときからディスカッションの訓練をしているのである。また、自分の所属する共同体や共同体のネットワークで「公平な合意」のよさは十分に知っているはずである。したがって、この程度の特別決議ならば、悠々とクリアできると思われる。

1　丸山眞男『丸山眞男講義録〔第三冊〕政治学１９６０』（東京大学出版会）七五頁〜七六頁

政党の役割

共存主義にパラダイムシフトされても、政党は存在理由を失わないだろう。と言うよりも、政党が本来の役割を発揮すれば、共存主義社会に益するものになると思われる。

辞書（大辞林）によれば、政党とは、政治上の主義・主張を同じくする者が、その主義・主張を実現するために組織する団体である。

ここで重要なのは、政党は、一部であって全部ではないということである。ということは、国家の機能と政党の機能とは別ということである。

では、政党の機能は何なのだろうか。つまり、政党はどのような働きをするのだろうか。以下、丸山眞男の政治学講義に基づいて説明する。

政党の本質的機能は、全体としての政治的システムと社会との媒介装置である。ここで言う全体としての政治システムとは、とりあえず「国家」と頭に置いておけばよいだろう。

そして、政党は、社会のメンバーの欲求、意思、情熱、意見、見解を政治システムに伝達し、また政治システムの政策や動向を社会に伝達する機能を持つ。[1] ここで社会のメンバーとは、「国民」と言ってもよいだろうが、問題によっては外国人もメンバーになるので、国民と置き換えるのは正確ではない。しかし、国民という方がイメージをつかみやすいと思うので、これからは主として「国民」という言葉を使うことにさせていただきたい。

ところで、政党は、単にコミュニケーション・チャンネルという点で国家と国民の媒介者であるだけでなく、社会の中に広く分散している潜在的な意思、見解、利害を顕在化し、しかもこれをできるだけ共通項にくくって、争点を単純化する。それによって、国民の政治的判断は無限の錯雑さから免れ、政策決定に対して判断を下すことが容易になる。

ここで、共存主義のもとでも避けて通ることができない代表制について考えておきたいが、この代表制の観念には、どのような契機があるのだろうか。丸山は、次の二つの基本的な契機があると言う。

第一の契機は、Einheit（ドイツ語で、一なる状態、統一の意）としてそこにないものが、すなわちVielheit（ドイツ語で、多数の意）としてしかそこに存在しないものが、代表によってEinheitとしてあらわれるということである。これは、政治的全体性もしくは一体性としてあらわれるものである。

簡単に要約すると、本来は多様であるものを一つにする必要性が間接代表制を生み出す契機になっているということである。

第二の契機は、直接に伝達できないもの、もしくは使用できない要求・価値が代表によって伝達または使用されることである。これは政治的間接性の表現ということになる。

簡単に要約すると、国民が直接行うことができないものを代表者が代わって行う必要性が契機になっているということである。[2]

ここで問題になるのは、間接代表制は、委任事項が明確でないということである。しかも、その委任事項は、さまざまな事柄が交錯している。政党が発表する公約は、そのまま有権者の委任事項と一致するわけではない。この公約には賛成だけれども、あの公約には反対だということは多々ある。有権者は、各党の公約を見比べて、その他に、候補者の実績や人柄を加味して、一人の候補者あるいは一つの政党に絞って投票する。この段階で、その候補者あるいは政党が掲げていた公約のうちの有権者が反対あるいは気の進まないものは、切り捨てられてしまうことになる。

したがって、民主制をとっているほとんどの国が採用している間接代表制、すなわち議会制民主主義は、うまく機能させることが難しいのである。共存主義のもとでは、こういう事態に陥らないようにしなければならない。

そこで、議会制民主主義をうまく機能させるためには、政党が健全に機能することが必要になってくる。

前に述べた通り、政党の本質的な役割は、政治的システムと社会の媒介装置である。すなわち、政党は、社会にある「声なき声」を声にして、それを立法機関に発声する。それと同時に、社会にある声を集約する。[3] 政治的な決定を必要とする問題に対して、さまざまな声は社会の中にあるが、政党は、それを集約して、一つにまとめて立法機関に発声する。つまり、法案として提出する。このように、政党は、集約装置と発声装置を持っているのである。この集約装置と発声装置がうまく働かなくなると、国民の間に政治的無関心がはびこり、議会制民主主義は形骸化してくる。

共存主義は、その基礎に「公正な合意」を据えているのであるから、政党の機能がうまく働かなくなると、基礎が崩れてしまう懸念がでてくる。共存主義のもとで意思決定の方法として入会権方式を採用するとしても、集団の規模が大きくなるにつれて代表制をとらざるを得なくなる。それは国家というステージだけでなく、地方自治体その他のステージでも同じである。そこでは、必然的に政党が生まれるので、政党の機能については、十分に留意する必要がある。

留意すべきことは、代表の選出方法についての制度設計である。例えば、小選挙区制にウエイトを置くか比例代表制にウエイトを置くかであるが、小選挙区制は、一選挙区から一名しか当選しないので、二位以下の候補者の意思、見解、利害は議会に反映されない。したがって、集約装置はあまり稼働せず、発声装置が強く稼働する。これに対して、比例代表制は、多様な意思、見解、利害が議会に登場することになるので集約装置はよく稼働するが、少数政党が乱立して発声装置をうまく稼働させることが難しくなる。

資本主義のもとでの議会制民主主義は、どちらかと言えば、政党の発声装置にウエイトを置く流れになっているのだと言えると思う。

しかし、政党の集約装置と発声装置はどちらも重要である。すなわち、社会のメンバーのさまざまな欲求、意思、情熱、意見、見解を集約して、それらを一つまとめて発声する政党の役割は重要であるとともに、Vielheit（多数）をEinheit（一なる状態、統一）にするまでの過程で十分にディスカッションをして「公正な合意」をすることは、いっそう大切である。

すでに気づかれていることであると思うが、このディスカッションは、個と全体のジレンマを克服する過程である。すなわち、政党は、個と全体のジレンマを克服する役割を担う存在なのである。

共存主義のもとでは、小集団において全員一致を目指して「公正な合意」に到達する実践をしているのであるから、政党の機能を活性化させることはさほど難しいことではないと思われる。したがって、共存主義のもとで国会などの議会を設けるとしても、それが形骸化することは避けられるだろう。

1 前出『丸山眞男講義録〔第三冊〕政治学1960』一六四頁
2 同書一八一頁～一八二頁
3 同書一六五頁

行政の在り方

共存主義のもとでも、予算や法令の執行のための仕事が必要である。これは、行政の仕事ということになるが、行政の仕事のために地方自治体や国が行政機関を設けることは避けて通ることができない。

しかし、共存主義における行政の在り方は、資本主義のもとでの行政とは、大きな相違がある。最も基本的な相違点は、資本主義のもとでの行政が権力機構であるのに対し、共存主義のもとでの行政はサービス機関であるというところにある。

もっとも最近の日本に限定すれば、資本主義のもとでの行政も権力色が薄れてサービス精神が高まっている。とくに、新型コロナウイルスに対抗するための動きをみると、サービスの在り方に対応して行政に対する評価が高まったり、低下したりするので、行政はいや応なしにサービス機関としての役割を果たさざるを得なくなってきている。

共存主義のもとでの行政は、サービス機関として徹底したい。そのためには、具体的にどのような方策を講じればよいのだろうか。

まず、行政機関であるが、これは行政以外の集団と同じ地平に置くことである。すなわち、共存主義社会においては、行政機関とその他の集団とは同じレベルのものであって、行政機関が他の集団の上に立つことがない。平たく言えば、役所や役人が「お上」であるという風潮をなくすことである。

それと並行して、行政機関の内部組織も行政の長を頂点とするヒエラルヒー（ピラミッド型の階級組織構造）を改め、できるだけフラットにする。そんなことをしたら上意下達ができなくなり行政が動かなくなるという批判もあるだろうが、行政の中でも「公正な合意」を行き届かせれば、行政が動かなくなることはないだろう。

そのことができるようになれば、人事をオープンにすることは可能だろう、すなわち、柔軟に人事交流をしたり、人事を交替したりすることは、円滑に行うことができる。その原型になるのが、入会集団における輪番制の総代や組親の選出方法である。

ここで見えてくるのは、共存主義における行政の在り方として、特権を排除することである。それを支えるのがベーシック・インカムである。ベーシック・インカムで所得が保障されれば、人々は組織における特権的な地位を目指さなくても生きてゆける。もし、行政の中に自分の好きな仕事があれば、その仕事に就けばよい。そこで働けば、その労働に対する収入を得ることができるので、ベーシック・インカムと合わせて文化的な生活を営むことができるだろう。また、行政の仕事を離れても、働きたければ他の仕事に就けばよい。そのようにして、人々は、行政であれ、他の共同体であれ、個人事業であれ、自分の関心と能力に合わせて職業を選び働くことができるが、働きたくなければ働かなくてもよい。

そういうところに、共存主義の行政を位置づけたい。

なお、行政をできるだけニュートラルに運営するために、ＩＴ（情報技術）やＡＩ（人工知能）を活用することができるのならば、活用することが望ましいと思う。そして、その前提として、情報の公開は必須である。

治安・国防・外交

国家の作用として、司法・治安・国防・外交がある。これらの作用は、国家だけが行うとは限らないが、「公」の仕事として、司法・治安・国防・外交が必要であることは、共存主義にパラダイムが転換されても同じである。しかし、これらの仕事は、資本主義とは様変わりした姿を見せることになる。

このうちの司法については、次章の紛争解決システムで述べることにする。

そこでまず「治安」であるが、治安は、社会の在り方と相関関係があるので、共存主義の社会はどのような景色になっているかをざっと見ておきたい。

それは、これまで考察してきたことを繋げれば分かることだと思うが、ここでは少し違う視点から共存主義の社会を俯瞰してみよう。

共存主義が目指すところは、貧困をなくし、人々が安心して暮してゆけるセーフティー・ネットがあることである。

ベーシック・インカムを導入すれば貧困をなくすという目標は達成することができるだろうが、セーフティー・ネットはベーシック・インカムだけで完備されるわけではない。年金や生活保護などの多くの部分はベーシック・インカムに置き換わるが、ベーシック・インカムだけでは不足するものがあり、それに対応するための社会福祉政策、保健衛生政策は必要である。また、心身の病気や不慮の災害に備えるためのセーフティー・ネットを張りめぐらせることも肝要である。共存主義のもとでは、それらのセーフティー・ネットを完備することが前提になる。もとより、そのための予算を組むが、財源が不足すれば通貨を発行する。

安心して暮らすということは治安にも関係しているのであるが、このようなセーフティー・ネットが完備されている社会では、治安の対象となる犯罪の様相も変るはずである。

資本主義で顕著になった格差社会は是正されるだろうか。共存主義のもとでは、知的労働を含めて労働によって所得を得ることは残るが、累進課税の税率の変更を中心とした税制改革によって格差は縮小される。そして、格差が縮小されれば、人々の価値観も変わるだろう。

ブランド、華美なデザイン、希少性によって、商品に使用価値を大幅に超える価格がつけられる風潮は抑制されるようになると思う。

そのような社会になったとき、世の中にはどのような犯罪が起こるだろうか。

辞書（大辞林）によれば、「治安」とは、「国家・社会の秩序や安全がよく保たれていること」という意味であるが、国家・社会の秩序や安全を保つためには、犯罪を予防する必要がある。

そこで犯罪の予防であるが、これは、犯罪が発生する前に、犯罪が起こらないようにすることがポイントである。

世の中がよくなれば犯罪は少なくなる。犯罪は社会の反映である。ベーシック・インカムが導入されたり、格差が縮小したり、貧困がなくなったり、セーフティー・ネットが完備されたり、という社会になれば、窃盗、強盗、詐欺、恐喝、横領などの財産犯は少なくなるだろう。すなわち、共存主義は、犯罪予防的なシステムであるという一面があるのである。

しかし、それでも、怒り、怨恨、嫉妬、性、名誉欲、そして、本人が自覚しない潜在意識あるいは無意識からの衝動によって発生する犯罪をすべて撲滅することはできないだろう。ヒトの歴史は、多様な犯罪を開発した歴史であると言ってよい。私は、こんなに多くの犯罪の知恵を持っている動物は、ヒトの他には知らない。ヒトというのは実に奥の深い動物であるが、その闇も深く、犯罪衝動も強い。共存主義によって犯罪がなくなると言うことはとうていできない。

したがって、やむを得ないことであるが、警察は必要であり、刑事裁判制度も必要である。

さて、国防であるが、共存主義は戦争のない世の中を目指しており、前に述べたように武器の廃絶を目標としているが、これが全世界中に普及するまでにはどれだけの年数を要するだろうか。おそらく百年単位の時間が必要だと思われる。しかし、コロナ禍やロシアのウクライナ軍事侵攻によって、武器の廃絶とりわけ核廃絶の必要性は、ひろく認知されるようになるであろう。したがって、新型コロナウイルスによって、平和的共存の目標達成までの道程は、短縮される可能性はあると思われる。

しかし、それにしても相当の時間がかかることは確かだろう。したがって、自国からは決して戦争を仕掛けない、武器を使用しない、という専守防衛に徹するのがよいと思う。そうすれば、戦争が起こる頻度は非常に小さくなる。したがって、余剰の国防の組織は、自然災害に対する備えに振り向ければよいだろう。

外交は、以上を前提にすれば、平和外交に尽きる。外交の仕事には、政治、貿易、経済等々たくさんあるが、ここでも「公平な合意」が基本になると思う。

独裁制か民主制か

共存主義の政治システムを考察するにあたっては、民主主義について触れないわけにはゆかないだろう。

共存主義の基礎は、「個人の主体性」、「共存的所有」、「公正な合意」で構築されるから、そのどれを見ても民主主義でなければならないことは歴然としている。すなわち、共存主義の基礎の素材は民主主義であり、その基礎の上に打ち立てられる政治的システムは民主制ということになる。

ここまでは当然のことであると思われるだろうが、民主主義というのは、なかなか一筋縄ではいかないシロモノである。

まず、民主主義は油断をするとたちまち少数支配の鉄則[1]に支配される。個人の主体性を尊重して公正な合意をとりつけたように見えても、往々にしてほんの数人の意思によって社会全体が動かされる。そこに政治的プロパガンダによって扇動的な旗振りが行われると、民主制は独裁制に変貌する。そのようなことは歴史上たくさんあるが、例えば、朝鮮民主主義人民共和国（北朝鮮）のように、多くの場合は「民主主義」を標榜する。

そのようなことが起こらないようにするためには、本章で述べたように、政党の集約装置と発声装置を健全に機能させるなどさまざまな工夫をする必要があるが、ここで重要なのは、民主主義は錦の御旗のようなものではないことである。

私は、民主主義は貴重なものだと思っているが、手放しで民主制がよいと言っているのではない。民主主義という言葉を持ち出せば何でも正当化できると考え、あたかも将軍の印籠のように掲げる人がいる。そういうときに民主主義に面と向かって反対する人は少ないだろうが、だからと言って心底から民主主義に服従するとは限らない。したがって、アプリオリに民主制が尊いのだと思うことは危険であって、民主主義を掲げて相手が黙ればそれですむということにはならない。

私がアプリオリに民主制が尊いと思うことが危険だという理由は、民主制にも欠陥があるからである。

アテネの衆愚政治がソクラテスを死刑にした例をあげれば分かるように、民主主義はともすれば衆愚政治に陥りやすい。衆愚政治が横行するようになると、理性的に独裁制か民主制かを選択することができなくなり、なし崩し的に民主制が崩れて行く危険性がある。

そこで、独裁制か民主制か、そのどちらを選択するかが問題になるが、私は、やはり民主制を選択すべきだと思っている。

なぜならば、独裁制は情報が偏りやすく、そのために集約装置が麻痺してしまうからである。そしてそこに独裁者の利害や思想や傾向がからんで、発声機能を狂わせ、とんでもない方向に突き進む可能性が高くなる。そうなったら、それをセーブすることは極めて難しい。独裁制は、システムが独裁者の独断をセーブすることができる仕組みになっていない。

しかも、独裁者はおしなべて攻撃的で、破廉恥な理屈をつけて敵を排除し、人々を殺し、都市を破壊することをいとわない。私たちは、そのような独裁者をこれまで何度も見てきたし、二〇二二年五月現在の今は、テレビで毎日見せつけられている。

しかし、民主制ならば、システムの中に独裁者の異常な行動をセーブする方法を織り込むことが可能である。したがって、民主制の方が独裁制よりも安全なシステムである。しかし、民主制の方がよいと言えるようにするためには、いくつかの条件がある。

一つは、政治的アパシーが蔓延すると、民主制は動かなくなるので、政治的関心が深まるような工夫を絶えず続ける必要がある。

もう一つは、政党の集約装置と発声装置が働かなければ民主制は機能しないので、政党に働きかけて集約機能を働かせることも必要だと思う。

さらにもう一つは、活発な議論を重ねると同時に調整能力を高めて政党の発声装置がうまく働くようにすることである。

そしてもう一つ、民主制が衆愚政治や独裁政治に陥らないように、たえず権力を監視することである。

このような条件がクリアできることを条件として、私ならば民主制を選択したい。何よりも肝要なことは、独裁制のもとで共存主義を実現することは非常に難しい。民主制に欠陥があっても、共存主義にパラダイム転換をするためには、民主制が必須である。

1　少数支配の鉄則については、ロベルト・ミヘルス著、森博・樋口晟子訳『現代民主主義における政党の社会学Ⅰ』（木鐸社）参照

第九章　紛争解決システム

国家の作用として司法があるが、これについては、司法という枠を広げて紛争解決システムの全体を俯瞰するとともに、紛争解決の内奥に迫る方法で、考察をすすめることにする。

紛争解決の二つの源流

私は、共存主義にパラダイム転換されても、人間が欲望や利害や感情を超越した聖人君子になることを想定してはいない。したがって、欲望や利害や感情が衝突して紛争が起こることは不可避であるから、それに対処するための社会の仕組みとして、紛争解決システムを構築することは必要である。司法あるいは紛争解決システムと言えば、すぐに頭に浮かぶことは「裁判所」であろう。現在行われている裁判は、「近代」という源泉から生まれた重要な仕組みである。したがって、まずは「近代」の裁判の仕組みを見ておこう。

「近代」という源泉の設計図には、「近代国家」という源流が書き込まれ、近代国家を成り立たせるために、国家が「物理的強制力」を独占することが必要であった。近代が成立する前の封建時代には、物理的強制力を国家が独占していたのではなく、「斬り捨て御免」という言葉が象徴するように、領主や武士集団が物理的強制力を持っていた。しかし、近代になって近代国家が確立すると、物理的強制力は国家が独占することになった。

窃盗や詐欺や強盗や殺人などの刑事犯罪が起こったときには、国家が犯人を捕らえて刑罰を科す。また、貸した金銭を返さない人に対しては、裁判所が判決を下して履行を命じる。もし命じられた人が裁判所の判決に従わなければ、執行官が強制執行をする。近代における最優先のコンセプトの一つとして「法の支配」があるが、法の支配を貫徹するためには、刑事でも民事でも、最後には物理的強制力を行使する必要がある。このような執行権限を持っているのは、近代においては国家だけである。

しかし、物理的強制力を行使するためには、それが正しいかどうかを慎重に判断する必要がある。そのために、国家は裁判所を設け、「近代」にふさわしい制度を築いた。

こうして、「近代」という源泉から源流が流れ出した。この流れは、制度としては司法という国家機構を構築して、近代の裁判制度を組織、運営し、学問として膨大な実体法学、手続法学を生み出した。そして、この流れは、あたかも「法の支配」の本流のように人々から意識されていたので、もう一つの流れは見逃されていた。見逃されていたというよりも、長い間「他にはない」と思われていたと言ってよいだろう。

しかし、実は「近代」には、もう一つの流れがあった。そのもう一つの流れとは何だろうか。それは、主として民事関係の現象としてあらわれるものであるが、「近代」には、近代国家、物理的強制力をキーワードとする設計図とは別に、もう一枚の設計図があったのである。

ナポレオン法典を発端とする近代私法（私益または市民間の生活関係について規定した民法・商法などの法律の総称）は、資本主義の法として生まれた。前に述べたように、その近代私法の規範関係は、法的主体性、私的所有、契約という三つの基本的要素で成り立っている。

封建時代の農奴は、一生領主に隷属し、領地に縛りつけられて逃亡・転住・転業は厳禁され、身分的に強く支配されていた。農奴以外の人々も、封建的な身分に縛られていた。しかし、資本主義が発達し、人々が領主の支配を脱して都市に集まってくるようになると、人々は、主体性を持った個人として認められるようになった。こうして近代に入ってからは、このことが法的に承認され、個々人の法的主体性が確立された。

主体性を持った個々人は、土地を所有することが認められるようになった。封建時代には、土地はすべて領主が所有していたが、土地所有権も人々に解放されたのである。土地を所有した資本家は、そこに工場を建設し、商品を生産する。そして、その商品は、合意によって貨幣と交換される。この合意が契約に他ならない。また、土地や工場を所有しない人々は、労働者となり、労働力を資本家に売る。この労働力の売買も契約によって成り立っている。

こうして、「近代」では、法的主体性、私的所有、契約という基礎が固まり、その基礎の上に、人々の生活や企業の活動を規定するさまざまな「私法」が生まれるようになった。このようにして、近代国家からはじまる源流とは別のもう一つの源流として、この設計図の中の「法的主体性」からはじまる源流が流れ出した。そして、この法的主体性からはじまる源流に乗って、さまざまなシステムがつくられた。

個々人が法的主体性を獲得すれば、紛争が起こったときには、お互いの意思を尊重しながら話し合いをし、合意を模索する。そして、合意に達すれば、そこで契約をして握手をする。そのときには、国家権力による物理的強制力の発動をうながす必要はない。つまり、ここで必要なのは、物理的強制力ではなくて、当事者の「合意」である。これは、近代国家を源流として物理的強制力を使用する流れとは、一八〇度の相異がある。

個々人の法的主体性を尊重し、「合意」を基本として社会を構築することを、一つの社会システムととらえるならば、それは「私的自治」（私人間の法律関係を成立させることについては個人の自主的な決定にまかせ、国家が干渉してはならないとする原則）ということになる。個々人の身分や財産に関する私法の分野においては、その法律関係を個々人の自由意思にまかせるという「私的自治」は、もともと資本主義の法として成立した近代私法の基本原理として設計されていたのである。

それでは、現実にどのようにして「合意」による紛争解決をし、「私的自治」を実現するのだろうか。その方法としては、当事者が、相対《あいたい》で話し合いや交渉をし、合意にこぎつけることである。これが「和解」に他ならない。この相対で話し合いや交渉をすることを、「相対交渉」というが、この相対交渉による和解こそが、法的主体性、合意・私的自治の流れの線上にある現実的な方策である。

しかし、紛争が激しくなったり、複雑になったりすると、当事者が相対交渉をすることが難しくなって、合意に到達することが望めないケースもある。すなわち、相対交渉による和解は望めないものの、さりとて、費用や時間をかけて訴訟をすることも気がすすまない。ではいったい、どうすればよいのだろうか。

そこで用意されているのは、調停、仲裁などの紛争解決システムである。この調停、仲裁などは、ＡＤＲ（Alternative Dispute Resolution・裁判外紛争解決）と総称されている。ＡＤＲにおいては、当事者がじかに相手方と相対交渉するのではなく、調停人や仲裁人などの第三者を仲立ちとして話し合いをしたり、判断をあおいだりするシステムである。しかしこれは、裁判によらずに、当事者の自由意思を尊重し、「私的自治」の理念に基づいて解決するものであるから、法的主体性、合意・私的自治の流れの中にある紛争解決の方法である。

このように、同じ「近代」という源泉から発生したと言うものの、源流は二つあることが明らかになった。[1] すなわち、一つは、近代国家、物理的強制力、裁判・司法制度という流れであり、もう一つは、法的主体性、合意・私的自治、相対交渉・ＡＤＲという流れである。もとより、この二つの流れは、理念的にとらえたものであって、実際にはこの二つは、重なりあったり、変形したりしている。いずれにせよ、この二つの流れは、近代から現代までの長い時間をかけて、複雑な働きをしてきた。相互に影響し合ったり、ときには交錯したりしながら現在まで続き、さらに将来に向かっている。

ところで、封建時代は「武力の支配」であったが、近代は「法の支配」になった。「武力の支配」から「法の支配」に転換したことについて、二つの流れを比較しておきたい。

紛争を解決するときに、近代国家を源流とする流れは、「武力で勝ち負けを決める」ということを「法で勝ち負けを決める」というふうに転換した。すなわち、「武力」を「法」に置き換えただけであって、「勝ち負け」は残ったのである。

これに対し、法的主体性を源流とする流れは、「勝ち負けを決める」という部分にも、紛争解決のメスを入れようということである。つまり、「和解」による解決は、「勝ち負け」を決めなくてもよいのである。このことから分かるのは、「和解」が発達してはじめて、「近代」に設計されていた夢が実現することである。もし、「近代」がその前の時代よりも人々が幸せになることを願って成立したものだとすれば、「和解」によってはじめて、より高い次元でそれを実現することができるのだと思う。

さて、ここまでは資本主義のもとでもある程度実践されてきた。それは、「近代」は資本主義の法によって築かれてきたので当然のことであるが、実際には「物理的強制力」の流れが巨大になり、「私的自治」の流れは細々としていた。それには理由があった。

すなわち、私的自治は、戦時体制のもとでは、さまざまな社会統制、統制政策によって抑制され、世の中の片隅に追いやられていた。戦争が終わって平時になっても、戦争の後遺症が続き、各国は産業育成政策、規制政策、福祉政策などの社会政策をとり、私的自治の出番はなかった。近代以降、人類は長い戦争をしていたし、戦争をしていないときも、戦後処理や次の戦争の準備に勤しんでいた。そのような歴史の中では、私的自治どころではなかったのである。これが、紛争解決システムにも反映し、紛争解決の局面でも、「私的自治」が長く疎かになっていたのである。

しかし、共存主義にパラダイムシフトされると、この景色は一変する。

資本主義のパラダイムを転換して共存主義になるのであれば、紛争解決システムも共存主義を源泉として、そこから源流が流れ出すことになる。

共存主義を源泉とする紛争解決システムの源流も、「物理的強制力」をコンセプトとする源流と「私的自治」をコンセプトとする源流との二つがあるが、共存主義のもとでは、「私的自治」の流れを圧倒的なものにして、「物理的強制力」はどうしても必要なときに使用することにとどめることになる。すなわち、相対交渉による和解を基本とし、相対交渉では解決できないときに調停、仲裁および後に述べるその混合システムを重用して、裁判はどうしても必要なときの補足的なシステムとする。[2]

ここで、「和解」という言葉を使ったが、ここでいう「和解」とは、公正な合意に基づいて紛争解決をはかるプロセスとその結論である。共存主義の基礎は、「公正な合意」であるから、紛争解決の局面における「和解」は、「公正な合意」によって組み立てられなければならないことは当然である。そして、多くの「公正な合意」を積み重ねて、それらを先例として「私的自治」を形作り、全体の社会システムとして構築することにしたい。

私は、前に「和解」によって「勝ち負け」を決めなくてもよいという「近代」に設計されていた夢が実現すると言ったが、共存主義にパラダイムシフトすれば、この夢は現実のものになるであろう。では、なぜそれが夢の実現なのだろうか。「勝ち負け」を決めると敗者を切り捨てることになる。資本主義は、敗者を切り捨てることを平気でやっていたが、勝者も敗者もなく、みんなが共存して生きることは共存主義が目指す姿である。紛争解決システムの中で、公正な合意による和解をはかる流れを強化すれば、これを実現することが視野に入ってくると思われる。

1　紛争解決の二つの源流については、廣田尚久『和解という知恵』（講談社）一八二頁～一八八頁

2　調停・仲裁の制度設計については、廣田尚久『民事調停制度改革論』（信山社）参照

和解の論理構造

いったん紛争が起こったときには、「公正な合意」は「和解」という形で結実する。和解のシステムは、紛争解決システムの一つであるが、これは経済システムや政治システムにも応用できるので、

そのシステムをここで見ておきたい。

和解のシステムは、訴訟と比較すれば分かりやすい。すなわち、和解のシステムを理解するためには、訴訟の論理構造と和解の論理構造との相違点を分析することによって可能になる。その相違点はたくさんあるが、[1] ここではその代表的なものとして「勝ち負け」に関連する、一〇〇対ゼロの解決と権利に相応する解決という相違点を説明する。

訴訟は原則として一〇〇対ゼロの勝ち負けという形で結果が出るが、和解は必ずしも一〇〇対ゼロの勝ち負けではなく、権利に相応する解決という結論に到達することである。

訴訟の中には、誰の目から見ても白黒が明らかな事件がある一方、事件の中には勝ち負けの微妙なものがある。とくに、訴訟になるほどの事件であれば、当事者双方に相応の権利があるので、一〇〇対ゼロで割り切れるものばかりではない。そのような事件でも、裁判官は双方の権利を秤にかけて、勝ち負けを決めなければならない。

訴訟において、当事者双方からインプットされる書証、人証、法規範、学説、判例、慣習、道義、価値観などの一つひとつの資料と判決の結果との因果関係を結びつけることは、多くの場合不可能なことである。

しかし、訴訟システムの中で、「秤にかける」という操作が現実に行われていることは確かである。そのことは、権利の重さについて相対的な比較が行われていることに他ならない。つまり、権利の重さを絶対的な数値であらわすことはできなくても、百分比で、七〇対三〇などとあらわすことはできる。そこで、ここでは百分比を使って、「秤にかける」というシステムを考察したいと思う。

法律実務家の間では、民事訴訟は、権利の重さが五一%の方が一〇〇%の勝ちになり、四九%の方がゼロの負けになると言われている。

つまり、判決は、原則として一〇〇%の勝ちか、ゼロの負けしかない。これが訴訟をした場合のとどのつまりの結論である。したがって、判決の結果、五一%の当事者は一〇〇%の成果をとり、四九%の当事者はゼロということになる。これは、訴訟システムのうえで当然のこととされている。

そうすると、権利の重さが五一%の当事者は、訴訟をしたことによって権利が一〇〇%に増えたことになる。つまり、相手方から四九%の権利を奪ってしまうことになる。四九%の当事者は、訴訟に負けてゼロになるのだから、本来持っていた四九%の権利を奪われてゼロになってしまう。そして、負けた方は、判決のとおりに履行しなければ、強制執行を甘受しなければならない。つまり、国家の物理的強制力を背景にして、一方は本来の権利に加えて相手方の四九%の権利を奪い、もう一方は四九%の権利を奪われてゼロになる。これは考えてみれば恐ろしいことではないだろうか。また、その比率が六〇%対四〇%でも、七〇%対三〇%でも、勝った方が負けた方の権利を奪い、本来持っていた権利を増やすことは同じである。

しかし、紛争に直面している当事者が、ほんとうに望んでいるのは、このような結論だろうか。

もちろん紛争の中には、どうしても一〇〇%の勝ち負けをつけなければならないものがある。たとえば、相手方に明らかな違法行為があるときには、一〇〇%の勝ちを目指して、その違法行為によって侵害された権利を回復しなければならないだろう。しかし、紛争に直面している人が最初に望むことは、「何とかして紛争を解決したい」ということであって、「何としても相手を打ち負かしたい」と思うことは少ないものである。すなわち、ほとんどの人は、紛争が解決すればよいのであって、何が何でも勝負をつけたいと思う人はむしろ稀である。

民事訴訟を提起し、判決で勝負をつける限り、五一%は一〇〇%になり、四九%はゼロになる。これは極端な例であるが、訴訟が権利の実体から遊離して、当事者の願望から大きく踏み外す危険が、訴訟システムそのものの中にあるのだ。

勝ち負けが誰の目から見ても明らかな事件については、一〇〇対ゼロの判決でも問題にされることはなく、人々は、訴訟によって正義が実現されたと思うだろう。しかし、当事者双方の権利が拮抗しているときに、一〇〇対ゼロの勝ち負けによって、勝った方が負けた方の権利を奪うことを目の当りにしたとき、訴訟はかえって不正義な結果をもたらすと受け取る人も少なくないと思われる。

そうだとすれば、当事者双方の権利が五一%対四九%ならば、できることなら五一対四九に近いところに線を引いて解決した方がよいということになると思う。それこそが妥当な解決であり、また正義にかなうと言うことができる。

和解は、一〇〇対ゼロの勝ち負けでなく、当事者の権利に相応したところに線を引いて解決するシステムである。また、和解の方が、勝ち負けをつけるよりも目前の紛争を解決してほしいという当事者の願望にも合致する。

前にも述べたように、共存主義は、勝者も敗者もなく人々が共存して生きることを目指しているのであるから、この和解のシステムは、共存主義にふさわしいことが理解できると思う。

1　訴訟の論理構造と和解の論理構造の相違については、廣田尚久『紛争解決学［新版増補］』二五三頁〜二六五頁

付帯条件つき最終提案調停・仲裁

和解についてはさまざまな技術が開発されているが、ここでは、その一つとして、付帯条件つき最終提案調停・仲裁を見ておくことにしたい。

前に述べたように、近代国家からはじまる物理的強制力、裁判・司法制度という流れとは別に、法的主体性からはじまる合意・私的自治、相対交渉・ADRという流れがあるが、この後者の紛争解決システムで用意されているのは、調停、仲裁などのADRである。

調停と仲裁は、普通名詞としては両方とも、争いをしている者の間に入って和解をさせることとい

う意味であるが、法律的な意味はまったく異なっている。

すなわち、「調停（Mediation）」とは調停人が紛争当事者の間に入って解決をとりまとめることであるが、「仲裁（Arbitration）」は、紛争当事者が仲裁人の判断に従うという合意をし、その合意に基づいて仲裁人が仲裁判断をすれば、強制執行ができるという紛争解決システムである。

調停や仲裁は、組織されたADR機関で行われることが多いが、アド・ホック調停、アド・ホック仲裁といって、紛争が起こる度に任意に調停人や仲裁人を選任し、特定の調停・仲裁機関を通さずに行うこともできる。

調停や仲裁を組み合わせたシステムもあり、これをミーダブ（Med-Arb）という。ミーダブの中にはさまざまなものがあるが、国際紛争においても「仲調」という言葉を使用して、このミーダブを推奨する有力な説がある。[1]

ここで、私が開発した付帯条件つき最終提案調停・仲裁を紹介しよう。[2]

付帯条件つき最終提案調停・仲裁を説明するために、まずは最終提案仲裁の解説から入ることにする。最終提案仲裁（final offer arbitration）は、話し合いや調停をすすめても当事者の主張に差があって合意点に到達できないときに、仲裁人が当事者双方に、最終的な提案を提出するように求める。そして、当事者双方が最終的な提案をした後に、仲裁人が当事者の提案のいずれか一方を選択して（すなわち中間値をとらない）、それをもって仲裁判断をする。これが最終提案仲裁というシステムであるが、アメリカのプロ野球で、野球選手の年俸を決めるときの選手とオーナーの争いに使用されるので、野球式仲裁（baseball arbitration）とも言われている。

私がこの最終提案仲裁のことを知ったのは、新堂幸司（元東京大学教授・現弁護士）のジュリスト一九八四年一〇月一日号の巻頭言であった。その中で新堂は、「この方式によると、当事者は、それぞれ、相手方の提案よりもより合理的とみられるような提案をしないと、相手方の案が採用される。そこで、当事者は双方とも、理性的かつ妥協的になることが期待される」と指摘していた。

私は、この巻頭言に興味を抱いたものの、どこか引っかかるところがあって、そのうちに記憶の奥の方にしまい込んでいた。しかし、あるときふと、何に引っかかっているのだろうと考えてみる気になった。はっきりしていることは、自分も試みたいと思う一方、アメリカの方式を直輸入することに抵抗を感じていたのである。しかし私は、自分の狭量さに苦笑しながらも、引っかかる理由は、それだけではないと思っていた。

少し考えているうちに、引っかかる理由は、請求する当事者Xの最終提案が請求を受ける当事者Yの最終提案よりも必ず上回ることを前提にしているところにあることに気がついた。これはいかにも欧米人の感覚に基づいている。これに対しXの最終提案がYの最終提案を下回ることもあり得るというのが、いわば東洋人の感覚だろう。「この程度でけっこうですよ」と言うXに対して、Yが「どうぞご遠慮なく、この程度を」と言うことがあってもよいではないか。そこで私は、この最終提案仲裁に、Xの最終提案がYの最終提案を下回ったときにはその中間値をもって仲裁判断するという付帯条件をつけることにした。このようにすると、当事者は思い切った最終提案をすることが可能になるはずである。また、双方の最終提案が近づけば、納得や合意が得やすくなるという功利的な計算もあった。そして同時に、アメリカ直輸入というコンプレックスをも克服できる。私は、このいわば新手つきの最終提案仲裁をいつか実践しようと考えて、ひそかに胸の中で暖めていた。

なお、最終提案仲裁は、調停にも応用できる。すなわち、最終提案調停は、調停人が当事者双方の最終提案のどちらか一方を選択し、その内容をもって和解するという方式である。そして、最終提案調停に、請求する当事者の最終提案が請求を受ける当事者の最終提案を下回ったときには中間値をとるという付帯条件をつける方式が、付帯条件つき最終提案調停ということになる。

私は、調停人、仲裁人として付帯条件つき最終提案調停・仲裁で解決した事件は四例あるが、そのうちの一つを紹介し、その経験を踏まえて、若干の考察をしたいと思う。

A社がY社に機械の設計を発注したが、Y社は多忙で時間がとれないので、その仕事をX社に下請けに出した。しかし納期が短くて請負代金の見積りもできず、支払いは工数で決めることにしてX社は急遽設計図を作成した。X社は納期に間に合わせて仕事を納めたが、要した工数に基づいて請負代金を算出したところ、一五九万円になったので、その一五九万円を元請のY社に請求した。

ところが発注者のA社は、設計の費用は六〇万円程度と考えていたので、とても一五九万円は支払えないと言い出した。Y社はこの仕事で利益を得ようとは思っていなかったが、請求額は妥当であると認めているものの、赤字は出したくないので、X社に一五九万円を支払うことは渋っていた。そこでX社は、日本商事仲裁協会に調停の申立てをし、私が調停人に選任された。

期日がはじまり、私はまずY社の方に、「調停が申し立てられたあとに、A社との間で何か進展がありましたか」とたずねたところ、Y社の社長は、「八〇万円まではA社が負担してくれます。しかし、それを超えた金額で決まるのであれば、八〇万円を超える額の半分はA社が、残りの半分はY社が負担するという話になっています」と言った。そこで、「ではあなたは、いくらで解決したいと考えているのですか」と聞いたところ、「一二〇万円ぐらいにしてくれれば有難い」という回答だった。

次に、X社の社長にこのことを伝えたところ、「調停人が金額を出して下さい。一二〇万円以上一五九万円以下であればいくらでもいいです」という返事だった。

しかし私は、双方の意思を尊重すべきであると考え、私が数字を出すことは控えた。そして、付帯条件つき最終提案調停を提案し、その方式を詳しく説明したところ、双方とも即座にこの方式で解決しようということになって、直ちに手続に入った。

Y社の最終提案は一四〇万円だった。一方、X社の最終提案は一三九万一二五〇円だった。したがって、付帯条件が適用されることになり、自動的に中間値の一三九万五六二五円で和解が成立した。この間約一時間であった。

ところで、最終提案調停・仲裁を実際にやってみると、当事者は、自分の強いところ弱いところを徹底的に点検しなければならなくなる。また、相手方の強いところと弱いところも読む必要がある。そして、その強弱を計量するために頭を活発に動かさなければならない。そればかりでなく、調停人・仲裁人のそれまでの言動を思い起こして、その心証を推理する必要もある。さらに、自分の最終提案を調停人・仲裁人に選択させるために、あれこれ作戦を立て、しかもそれを総合して数字に表現しなければならない。最終提案調停・仲裁に入る前は絶対に譲歩しないつもりであっても、自説にこだわれば選択されないことにすぐに気がついて、たちまち脳の動かし方を変える羽目になる。

したがって私は、最終提案調停・仲裁に入る前に、「使ったことのない脳を使うことになりますよ」と予告することにしている。

使ったことのない脳を使うという意味は、読みを入れる過程で、相手方を理解することではないだろうか。これはおそらく、当事者にとっては予想外の展開だろう。すなわち、内観法[3]という心理療法をするときと似たような脳の動きがあるのだと思う。私は、別の事件でこの方式を説明するとき、内観法も説明し、「つまり、人間は人から迷惑を受けたこと、してあげたことしか覚えていませんが、一週間半畳の屏風の中に閉じこもって、人に迷惑をかけたこと、していただいたことを思い出していると、すっかり世の中の見方が変わってしまうのです。この最終提案調停をすると、ちょっと似た経験をすることになりますよ」と言った。

このことは最終提案調停・仲裁の手続に入ると、当事者はすぐに実感するようで、また別の事件の当事者が、「こんなことを言っては変ですが、これって面白いですね！」と叫んだときには、私も、「そうでしょう！」と言ってしまった。

なお、調停の理想の姿として、当事者が自己の能力を高め（empowerment）、相手方に対する認識を深める（recognition）ことによって変容する（transform）ことがあげられているが、私が解決した事件では、transformative（変容力のある）調停と同様の結果を得ることができた。ここで紹介した事件は商工会議所の会議室を借りて調停したのであるが、Yが結果に満足して、「商工会議所の事務局員に、始めから終わりまで見ておいてほしかった」と残念がった。調停の過程と読みを入れる過程で、当事者の脳の中も、心も柔軟になっているから、変容を遂げて、直前まで争っていたことを忘れてしまったのだろう。そして、調停人・仲裁人の私の内部でも、何かが変容したのを覚えた。

付帯条件つき最終提案調停・仲裁の場合は、付帯条件によって、請求する側の最終提案が請求を受ける側の最終提案を下回ったときには中間値まで戻るのであるから、当事者双方が思い切った最終提案をすることができる。すなわち、当事者双方の最終提案が開き過ぎることがないようするため、そして調停人・仲裁人が索漠たる選択をすることを避けるために、できるだけの工夫をした方式である。しかし、それだけだろうか。

私は前に、「東洋人の感覚」という言葉を使って、付帯条件という新手を考えたと述べた。そのことについて、もう少し深く考察しておきたいと思う。

付帯条件をつける本来の狙いは、調停人・仲裁人が最終提案を選択する際に、できるだけその意思に関らしめないところにある。それだけでなく、同時に当事者双方もまた、争いとは別の次元の気持になって、争っているときとは違う意思を働かせてほしいという狙いがある。すなわち、当事者双方が到達する和解の質の高さと調停人・仲裁人が働かせる意思の量とは反比例するということであり、そのことを積極的に肯定する立場に立つことを意味している。

言葉を換えれば、当事者双方が激しく争っていても、その利害や要求は交叉する可能性を持っているものであり、まさにそこのところに真の解決があるという思想に立っている。そして、その思想を付帯条件という手続自体の中に設計しておいて、当事者双方に提示するのである。すなわち、請求する側の最終提案が請求を受ける側の最終提案を下回るという「意外な」展開があり得ることを当事者双方に示唆し、当事者双方はその示唆を受け、最終提案を考案する過程の中で、「争い」を「争いでないもの」にする心の準備をする。そして、やがて現実に「争い」を「争いでないもの」にしてしまう。すなわち、付帯条件が充たされるか充たされないかにかかわらず、「争い」を「争いでないもの」にする心境に達し、そのうえで最終提案を提出することになるのだ、と言うことができると思う。

以上のことを要約するならば、付帯条件は、和解のプロセスの中で「争い」を「争いでないもの」にしたうえで解決に向かわせる仕組みである。そしてそれは、そのことを積極的に肯定しようという思想の上に立っている。

ところで、和解は争いをやめることであるが、和解をしたからといって必ずしも「争い」が「争いでないもの」になるわけではない。ではいったい、「争いでないもの」とは何だろうか。

「争いでないもの」の内実は、複雑で豊富である。当事者が争いをやめるという心境に達すること、そのことが自分自身のためになるという自覚を持つこと、解決の結果にそれなりの満足が得られると思うこと、相手方の立場や言い分も理解できること、相手方と今後も友好的な関係を結びたいと思うこと、そしてそのことが期待できること等々。

こうしてみると、和解のプロセスにおいて一定の結論が出る前に、当事者双方がこのような「争いでないもの」を獲得する知恵と工夫が必要であることが、自然に理解できると思う。

付帯条件は、そのことを手続の中に織り込んで設計したものである。すなわち、付帯条件をつけることによってはじめて、結論が出る前の段階で「争い」を「争いでないもの」に転化させることが可能になるのである。もし付帯条件がなければ、「争い」を「争いでないもの」に転化させることは難しいのではないかと思われる。なぜならば、付帯条件をつけなければ、調停人・仲裁人に選択された方が勝ち、選択されなかった方が負けという要素が残るからである。こうしてみると、勝ち負けの要素を払拭し、別の次元で解決しようという「付帯条件つき」と、勝ち負けの要素を残す「付帯条件なし」とは、その思想において、相当の隔たりがあるのではないかと思われる。

ここで見たように、和解には勝者も敗者もなく、いったん紛争によって傷ついた人も、和解のプロセスの中で自己の変容を遂げて蘇り、社会の中に戻ってくることを理想としている。そして、それが可能になるように、さまざまな技術やシステムが開発されつつある。また、ヒトの生き方としても循環型になることを目指している。犯罪を考察したときにヒトの心の闇を見たが、ここでヒトの心の奥底の光を見ることが期待できる。

共存主義の社会においては、このような和解システムを、国家の機関としてではなく、共同体でも、地方自治体でも、アド・ホックでも、あちこちに設けることにしたい。そして、弁護士などの専門職に限らず、さまざまな人々が調停人、仲裁人として和解システムに関わることにすべきであると思う。そのことによって、共存主義のもとでの人々の成熟度がいっそう高まるであろう。

1 澤田壽夫「積極仲裁――複合手続の課題――」(『国際商事法務』三四巻三号・国際商事法務研究所)二八三頁

2 付帯条件つき最終提案調停・仲裁については、前出『紛争解決学〔新版増補〕』三八一頁～四二五頁、前出『和解という知恵』一九一頁～二一六頁

3 内観法については、柳田鶴声『内観実践論――自己開発の修行法』(いなほ書房)、柳田鶴声『愛の心理治療法　新版』(いなほ書房)、波多野二三彦著『内観法はなぜ効くか　自己洞察の科学』(信山社)、長山恵一・清水康弘著『内観法　実践の仕組みと理論』(日本評論社)参照

おわりに

資本主義は経済成長を糧にして稼働するシステムである。したがって、成長なくして資本主義はあり得ない。これがいつしか成長なくして経済はあり得ないという言葉にすり替えられてしまった。そして、この成長なくして経済はあり得ないという観念は、人々の行動原理や価値観にまで高められて、もはや経済成長神話と言ってよいほどのものになっている。

しかし今や、この経済成長神話は、人々を縛りつけ、矛盾を露呈して、神話自体が怪しまれるようになってきた。経済成長を信じても、それは実現できにくいものになり、無理に推進しようとすると、あちこちに貧困、搾取、格差拡大、環境破壊等々の歪みが生じる。こうして、経済成長神話に大きな疑問符がつけられるようになってきた。その中で生きている人間からすれば、資本主義が心身に沁み込んでいるので、つい経済成長神話を信じてしまいそうになるが、いったんそれに疑問符がつけられたとなれば、経済成長ができなくなった現実を点検してみる必要があるだろう。

少し考えてみればすぐに分かることであるが、資本主義は、たかだか二〇〇年ほどの歴史しか持っていない。人類は、経済成長のない長い歴史を持っていたのであるから、経済成長ができなくても生き延びることはできるはずである。

経済成長ができなくなれば、それを糧にして成り立っている資本主義はもはやもたなくなり、パラダイム転換が避けられなくなる。それはそれでよいのである。

では、資本主義が終焉して次のパラダイムに転換したとしたら、どのような時代になるだろうか。その時代を「共存主義」とネーミングして、おおまかなデザインを描いてみたのが本書である。資本主義が終焉したら当面は混乱が起きるだろうが、それを乗り越えればよいことがたくさんある、と私は思っている。

本書に書いたことは、ポスト資本主義のおおまかなデッサンに過ぎず、もとより異論もあるだろうが、叩き台として論点を提示するだけでも、それなりの意義はあると思う。

本書は、資本主義から共存主義へとパラダイムを転換することが望ましいと考えて書いたものであるが、私は、「共存主義」がいきなりすぐに実現するとは思っていない。また、すぐに実現すべきだと主張しているのではない。しかし、できるところから取りかかるという方法はあるだろうとは思っている。

ここから先は、巨大な建造物を建築することに譬えれば、膨大な基本設計図、実施設計図（意匠図、構造図、設備図）、施工図を書かなければならない。そして、着工から完成までの緻密な工程表も必要である。これは、極めて難しいことのように思われるかもしれないが、設計図と工程表がしっかりできていれば、必ず建造物は完成するはずである。「共存主義」はいきなりすぐにできあがるのではないが、あたかも建造物を建築するときのように、工程表に従ってできるところから積み上げてゆけば、きちんとできあがるものと思われる。

もし、人類が資本主義に訣別をして新たな歴史の流れをつくることができるのならば、すなわち、資本主義から共存主義へとパラダイム転換をすることができるのならば、資本主義が引き連れてきた強制労働、搾取、差別、貧困、格差、支配、収奪、侵略、殺戮、戦争の桎梏からも解放されるのではないだろうか。

なぜならば、人々が他者の存在を尊重し、みんなと一緒に共存しながら生きてゆこう、共存して生きてゆけるような社会をつくろうと一歩一歩進んでゆけば、強制労働、搾取、差別、貧困、格差、支配、収奪、侵略、殺戮、戦争などは、この世から消えてしまうはずだからである。私が共存主義を提唱する真意は、ここにある。

そのように願いながら書き進めてきたが、その願いは、この不十分な本書からも多少は伝わるのではないだろうか。

これが、一応脱稿した今現在の私の思いであり、願望である。

〈著者紹介〉

廣 田 尚 久（ひろた・たかひさ）

1938年　平壌市（ピョンヤン）生まれ
1962年　東京大学法学部卒業　川崎製鉄（現 JFE スチール）に入社
1966年　川崎製鉄を退社し、司法研修所に入所
1968年　弁護士登録（第一東京弁護士会）
1993年　九州大学非常勤講師
2001年　大東文化大学環境創造学部学部長・教授
2005年　法政大学法科大学院教授

ポスト資本主義としての共存主義

2022年（令和４年）９月20日　　第１版第１刷発行

著　　者　廣　田　尚　久

発 行 者　今　井　　貴
　　　　　渡　辺　左　近

発 行 所　信山社出版株式会社

〒113-0033　東京都文京区本郷6-2-9-102
電 話　03（3818）1019
FAX　03（3818）0344

Printed in Japan.

印刷・製本／亜細亜印刷

ISBN978-4-7972-2810-6　C3333

〈主要著作〉

『弁護士の外科的紛争解決法』(自由国民社・1988年)、『和解と正義―民事紛争解決の道しるべ』(自由国民社・1990年)、『不動産賃貸借の危機―土地問題へのもうひとつの視点』(日本経済新聞社・1991年)、『先取り経済　先取り社会―バブルの読み方・経済の見方』(弓立社・1991年)、『紛争解決学』(信山社・1993年)、小説『壊市』(汽声館・1995年)、小説『地雷』(毎日新聞社・1996年)、『上手にトラブルを解決するための和解道』(朝日新聞社・1998年)、小説『デス』(毎日新聞社・1999年)、『紛争解決の最先端』(信山社・1999年)、小説『蘇生』(毎日新聞社・1999年)、『民事調停制度改革論』(信山社・2001年)、ノンフィクション『おへそ曲がりの贈り物』(講談社・2007年)、『紛争解決学講義』(信山社・2010年)、『先取り経済の総決算―1000兆円の国家債務をどうするのか』(信山社・2012年)、『和解という知恵』(講談社現代新書・2014年)、『若手法律家のための和解のコツ』(学陽書房・2017年)、小説『2038滅びにいたる門』(河出書房新社・2019年)、小説『ベーシック命をつなぐ物語』(河出書房新社・2019年)、『ポスト・コロナ　資本主義から共存主義へという未来』(河出書房新社・2020年)、『共存主義論―ポスト資本主義の見取図』(信山社・2021年)